Palavras
de
Amor

Palavras de Amor, além de ser um livro esclarecedor, também é inspirador. Seu coração ficará comovido à medida que você der uma rápida olhada no amor compartilhado por esses heróis da fé. Esteja preparado para o inesperado. A paixão desses casais o surpreenderá, mas você não ficará decepcionado.

— Dr. Daniel L. Akin
Presidente do *Southeastern Baptist Theological Seminary*, Wake Forest, North Carolina.

Michael Haykin está de parabéns por compilar esta coleção extraordinária de lindas cartas de amor, de alguns dos líderes cristãos mais importantes e fiéis da história da igreja. Essas cartas inspiradoras, juntamente com as introduções que nos oferecem muitas informações, proverão grande força e serão um guia para os casais cristãos nestes tempos em que a instituição do casamento enfrenta desafios em muitos sentidos. Recomendo este maravilhoso volume, de todo o coração.

— Dr. David S. Dockery
Presidente, *Union University*, Jackson, Tennesse.

Numa era em que o amor é equiparado à paixão adolescente da música popular, Michael Haykin provê à igreja uma visão diferente sobre o amor cristão, de maneira bem firme. O livro

Palavras de Amor demonstra uma visão autêntica e profunda do amor cristocêntrico.

— Dr. Russell D. Moore
Deão da *School of Theology*, *The Southern Baptist Theological Seminary*, Louisville, Kentucky.

O livro *Palavras de Amor* retrata alguns dos personagens mais famosos e respeitados da história como sendo homens que possuíam um profundo amor conjugal. A obra de Haykin realça (ao invés de diminuir) a imagem que fazemos deles como fortalezas da erudição, pastores fiéis, missionários pioneiros e mártires corajosos. Essa antologia, em forma de cartas, sobre o amor conjugal desses teólogos reformados e puritanos, pode servir como uma grande coluna para o testemunho contínuo a respeito da excelência do casamento como a provisão do Criador para uma vida alegre de companheirismo, do mais elevado valor. Que todos os crentes que vierem a ler esses relatos de amor sejam despertados a buscar, apaixonadamente, um relacionamento satisfatório, indestrutível e que dure a vida toda, conforme todo casamento deveria ser. Meu coração ficou mais enternecido por meio de cada uma dessas cartas.

— Rev. Eric C. Redmond
Pastor da *Hillcrest Baptist Church*, Temple Hills, Maryland.

Certa vez, C. S. Lewis fez uma afirmação muito impressionante: "O cristianismo tem glorificado o casamento muito mais do que qualquer outra religião. E quase todas as poesias do mundo que falam de amor foram produzidas por cristãos". O livro *Palavras de Amor* nos proporciona duas lentes pelas quais podemos ver o ideal cristão do amor romântico no casamento. Uma dessas lentes é a seleção de doze casais cristãos e a história de suas vidas. A outra é uma coleção de amostras das cartas que esses homens e mulheres escreveram, por meio das quais podemos vislumbrar como o relacionamento romântico entre marido e mulher pode ser - em qualquer época, em qualquer lugar.
— Dr. Leland Ryken
Autor, Professor de inglês, *Wheaton College*, Wheaton, Illinois.

Michael Haykin nunca deixa de nos surpreender com seu talento para produzir livros incomuns, sobre aspectos negligenciados na história da igreja. Neste livro, ele apresenta aos leitores uma percepção sobre a vida amorosa dos grandes santos do passado, expondo a humanidade deles de um jeito único e comovente. Este é, sem dúvida, um livro incomum, certamente um livro que vale a pena ser lido.
— Dr. Carl R. Trueman
Professor de teologia histórica e história da igreja no *Westminster Theological Seminary*, Philadelphia, Pennsylvania.

Michael Haykin com Victoria Haykin

PALAVRAS de AMOR

A Doçura do Amor e Casamento
nas Cartas de cristãos

H419p	Haykin, Michael A. G., 1953-
	   Palavras de amor : a doçura do amor e casamento nas cartas de cristãos / Michael Haykin com Victoria Haykin ; [tradução: Waléria de Almeida Coicev]. – 1. reimp. – São José dos Campos, SP: Fiel, 2021.
	
	148 p.
	Tradução de: The christian lover.
	ISBN 9788599145937 (brochura)
	
	1. Casamento – Aspectos religiosos – Cristianismo. 2. Cartas de amor. I. Haykin, Victoria. II. Título.
	
	                                        CDD: 261.83581

Catalogação na publicação: Mariana C. de Melo Pedrosa – CRB07/6477

Palavras de Amor: A doçura do Amor e Casamento nas Cartas de Cristãos

Traduzido do original em inglês
"The Christian Lover", por
Michael A. G. Haykin with Victoria J. Haykin
© 2009 by Michael A. G. Haykin

•

Publicado em inglês por: Reformation Trust
Publishing a division of Ligonier Ministries
400 Technology Park, Lake Mary, FL 32746

Copyright © 2011 Editora Fiel
1ª Edição em Português: 2011

Todos os direitos em língua portuguesa reservados por Editora Fiel da Missão Evangélica Literária
PROIBIDA A REPRODUÇÃO DESTE LIVRO POR QUAISQUER MEIOS, SEM A PERMISSÃO ESCRITA DOS EDITORES, SALVO EM BREVES CITAÇÕES, COM INDICAÇÃO DA FONTE.

•

Diretor: Tiago J. Santos Filho
Editor: Tiago J. Santos Filho
Tradução: Waléria de Almeida Coicev
Revisão: Tiago J. Santos Filho,
James Richard Denham Jr. e Franklin Ferreira
Capa e Diagramação: Edvânio Silva
ISBN impresso: 978-85-99145-93-7
ISBN e-book: 978-85-8132-119-6

Caixa Postal, 1601
CEP 12230-971
São José dos Campos-SP
PABX.: (12) 3919-9999
www.editorafiel.com.br

Para o amor da minha vida, Alison, a quem tem sido um privilégio e um deleite para mim escrever cartas, de vez em quando.

Índice

Introdução 13

1 - Martinho & Katharina Lutero 29

2 - João & Idelette Calvino 35

3 - John & Lucy Hutchinson 43

4 - Philip & Mercy Doddridge 51

5 - Benjamin Beddome & Anne Steele 63

6 - Henry & Eling Venn 69

7 - Thomas & Sally Charles 77

8 - Samuel & Sarah Pearce 99

9 - Adoniram & Ann Judson 109

10 - John e Lottie Broadus 117

11 - Martyn e Bethan Lloyd-Jones 127

12 - Helmuth e Freya von Moltke 133

13 - Leituras Adicionais 145

14 - Informações sobre o autor 147

Introdução

"Como nos sentimos grandemente atraídos pelo sexo oposto", observou Jonathan Edwards (1703-1758), na primavera de 1725, após ter encontrado Sarah Pierpont (1710-1758), com quem se casaria apenas dois anos mais tarde.[1] Essa observação serve como um breve resumo do propósito de Deus em criar a humanidade como homem e mulher. No cerne do casamento, conforme concebido por Deus no estado original, está a intenção de que o marido se deleite em sua mulher, amando-a apaixonadamente, e vice-versa.

Outro autor do século XVIII, o batista Samuel Stennett (1727-1795), de Londres, estava certo ao afirmar que quando Deus declarou, em Gênesis 2.18, que faria uma auxiliadora para o homem, isso após o homem não haver encontrado alguém que lhe fosse compatível entre os animais, é como se Deus estivesse dizendo: "É apropriado que o homem que Eu fiz para viver em sociedade tenha em sua companhia alguém com quem possa conversar intimamente, que possa ajudá-lo em suas obrigações e compartilhar das alegrias da vida com ele".

Na perspectiva de Stennett, isso significa que "a mulher foi criada e oferecida ao homem em casamento não com o simples propósito de propagar a espécie, mas sim para promover a felicidade dele e dela mesma". A base para o casamento deles deveria ser uma "chama inextinguível" de amor; "uma chama que alimentasse a comunicação afetiva de uma amizade virtuosa entre eles, a qual as tempestades mais impetuosas das adversidades terrenas não poderiam apagar", porque o relacionamento dos dois seria "muito íntimo".[2]

No entanto, um estudo superficial da história do amor e do casamento nos círculos cristãos revelará que esse ideal divino nem sempre tem recebido a devida atenção e que, na verdade, tem sido rejeitado vez por outra.

Algumas Perspectivas da Patrística

O erudito bíblico do século IV, Jerônimo (m. 420), responsável pela tradução da Bíblia para o latim, mais conhecida como Vulgata, defendeu energicamente a posição de que o celibato era muito superior ao estado de casado, sendo considerado como muito mais virtuoso e muito mais agradável a Deus. No modo de pensar de Jerônimo, os homens mais próximos de Deus registrados nas narrativas históricas eram celibatários. Na verdade, argumentava Jerônimo, as relações sexuais entre os cônjuges eram um obstáculo evidente para conduzir a uma vida devotada na busca da espiritualidade genuína.[3]

Agostinho (354-430), outro teólogo da escola latina da mesma época, cujos escritos forneceram muito da base para o pensamento da Idade Média, também adotava a posição de que os indivíduos celibatários que se dedicavam a Cristo eram como os anjos, que não se casam. Ele afirmou que os indivíduos celibatários têm uma experiência de antecipação do céu, pois no céu não há casamento.[4] Então, por que Deus ordenou o casamento? Aos olhos de Agostinho, isso aconteceu principalmente para que houvesse a procriação de filhos. Ao comentar Gênesis 2, Agostinho declarou que Eva seria inútil para Adão se não pudesse ter filhos.

E o que dizer da idéia bíblica, encontrada nesse mesmo capítulo de Gênesis, de que a mulher fora feita para ser uma companhia deleitável para o homem, uma fonte de conforto e força? E o que dizer do homem como semelhante companhia para a mulher? Essas idéias receberam pouquíssima atenção de Agostinho.[5] Em vez disso, ele argumenta que Deus instituiu o casamento por três razões básicas:

- para o bem da fidelidade, ou seja, para evitar o sexo ilícito;
- com o propósito de procriação;
- como um símbolo da união entre aqueles que herdariam a Jerusalém celestial.[6]

Os pontos de vista de Jerônimo e Agostinho foram amplamente adotados por muitos autores católicos romanos da Idade Média, apenas com algumas diferenças sutis de ênfase.

Um exemplo sobre isso já é o suficiente, e ele foi extraído do comentário de São Beda (c. 673-735) em 1 Pedro 3.7:

As relações sexuais são uma barreira à oração... Isso significa que toda vez que eu tiver relações sexuais, não poderei orar. Mas espera-se que oremos sem cessar, conforme Paulo também afirma, então é óbvio que nunca poderei ter relações sexuais, porque se fizer isso, terei de interromper minhas orações.[7]

A Redescoberta do Casamento Cristão

Para muitas pessoas na Europa ocidental, a Reforma do século XVI não foi somente uma redescoberta do cerne do evangelho e do meio de salvação, os quais estiveram obscurecidos por séculos de superstições e erros teológicos; mas foi também uma redescoberta de uma visão inteiramente bíblica sobre o casamento. Por exemplo, após a morte da esposa de João Calvino (1509-1564), Idelette, em março de 1549, ele escreveu para um amigo reformador, Pierre Viret (1511-1571): "Estou privado da companhia excelente de minha vida, daquela que, se o infortúnio houvesse chegado, seria a minha companhia bem disposta, não somente no exílio e na tristeza, mas até mesmo na morte".[8] Essa simples afirmação da parte de um dos personagens centrais da Reforma, normalmente muito discreto com respeito aos seus sentimentos pessoais, revela uma visão do casamento muito distante da visão medieval do catolicismo romano. Para os reformadores, bem como para aqueles que seguiram os seus passos — como os puritanos do século XVII e os evangélicos dos séculos XVIII e XIX — o casamento tinha uma excelência inata; era vital para o desenvolvimento da afeição e da amizade cristã e era um dos principais meios para Deus desenvolver o caráter e a espiritualidade cristãos.

Considere os puritanos ingleses, que foram erroneamente taxados como recatados ao extremo no que diz respeito às alegrias e deleites do casamento, principalmente naquilo que se referia à experiência sexual.[9] Conforme J. I. Packer propôs, eles deram ao casamento "tal vigor, substância e solidez que isso lhes assegurou a fama de que... motivados por Deus... foram os criadores do matrimônio cristão inglês".[10] Assim como os reformadores, os puritanos opuseram-se de forma enérgica ao celibato clerical e afirmaram que o casamento é, de modo intrínseco, tão bom quanto a virgindade, e sugeriram que ele poderia ser até melhor. Thomas Adams, um renomado pregador puritano que se destacou no período de 1612-1653, declarou: "Não há tamanha fonte de conforto na terra como o casamento".[11] De semelhante modo, o autor puritano elisabetano Robert Cleaver disse: "Não pode haver melhor sociedade ou companhia do que a que há entre o homem e sua mulher".[12] E um pregador e autor puritano mais recente, George Swinnock (1627-1673), fez a seguinte afirmação com respeito ao marido e sua mulher: "Eles são parceiros no grau mais íntimo que se possa imaginar".[13] O puritano da Nova Inglaterra, Thomas Hooker (c. 1586-1647) expressou isso de um modo belíssimo, ao escrever: "O homem cujo coração está encantado com a mulher que ama, sonha com ela à noite; mantém-na diante de seus olhos e preocupa-se com ela enquanto está acordado; pensa nela quando se senta à mesa; caminha com ela quando está viajando e conversa com ela em cada lugar para onde vai".[14] Em outro contexto, Hooker fez uma observação sobre o marido e sua mulher: "Ela repousa em seu peito, seu coração confia nela, o que obriga todos a confessarem que o rio de sua afeição por ela, como uma torrente poderosa, flui transbordante e cheio de força".[15] Não é por acaso que quando os autores daquele texto fundamental dos puritanos, a Confissão de Fé de Westminster, listaram os motivos para o casamento, citaram o companheirismo em primeiro lugar. O capítulo 24.2 declara: "O matrimônio foi ordenado para o mútuo auxílio de marido e mulher, para a propagação da raça humana por uma sucessão legítima e da Igreja por uma semente santa, e para impedir a impureza".[16]

Conforme observou Packer, os pregadores e autores puritanos geralmente "esforçaram-se ao máximo a fim de proclamar quão bendito é que dois estejam unidos pelos laços do matrimônio".[17] Eles percebiam, com clareza, que essa era a ênfase central das passagens das Escrituras que tratavam sobre o propósito do casamento. Por exemplo, Richard Baxter (1615-1691) afirmou:

É uma grande misericórdia ter uma amiga fiel, que o ame completamente e que seja tão verdadeira em relação a você quanto você mesmo; alguém a quem você pode abrir o seu coração e comunicar os seus assuntos particulares. Alguém que esteja pronta a fortalecê-lo e a dividir os cuidados das obrigações e da família com você; a ajudá-lo a carregar os seus fardos; a confortá-lo em suas tristezas; a ser uma companhia diária em sua vida e uma participante de suas alegrias e tristezas. E é uma grande misericórdia ter uma amiga tão próxima para ser uma auxiliadora de sua alma; para unir-se a você em oração e outras práticas santas; para zelar por você e falar-lhe sobre os seus pecados e sobre os perigos que você corre; para encorajá-lo na graça de Deus; recordá-lo sobre a vida porvir e alegremente acompanhá-lo no caminho da santidade.[18]

Celebrando o Amor Cristão e o Casamento

Com o aumento significativo do divórcio nas sociedades ocidentais durante os últimos cinquenta anos e com o apelo para que haja o reconhecimento legal da união entre gays e lésbicas, não há dúvida de que o casamento, de forma geral, esteja sofrendo um ataque violento em nossos dias. Nem os casamentos cristãos estão imunes a esse ataque. O divórcio tem se tornado uma opção freqüente após as discórdias graves entre cristãos, e a homossexualidade não tem deixado de devastar os casamentos cristãos. Esta pequena antologia brotou da convicção de que os reformadores e os puritanos estavam certos a respeito das grandes questões concernentes ao amor e ao casamento; e pensar a respeito do passado, considerando esse assunto e ler as expressões de amor ditas no passado, pode ser uma maneira útil de responder à fragilidade do casamento cristão em nossos dias.

Antologias como esta são inevitavelmente um tanto ecléticas e refletem as preferências pessoais. Por exemplo, a última carta é de Helmuth James von Moltke (1907-1945) à sua esposa Freya (1911-); eu a li pela primeira vez nos anos setenta, e o que me impressionou nela é o fato de como um cristão pode viver nas condições mais abomináveis conhecidas da história humana. O poder que esta carta tem para me comover e inspirar não diminuiu ao longo das décadas. A primeira vez que me deparei com as cartas de amor de Samuel Pearce (1766-1799) foi no final dos anos oitenta, e elas têm se tornado parte das minhas leituras regulares desde então. De fato, estou trabalhando atualmente em dois projetos literários que tratam da vida de Pearce. Sempre pensei que as cartas de Calvino sobre a morte de sua esposa nos proporcionam uma excelente janela pela qual podemos ver a sua personalidade, que não era outra coisa senão circunspecta, porém profundamente apaixonada. Encontrei muitas outras cartas como resultado do preparo para escrever este livro, mas a escolha dos autores reflete a preferência que tenho, há muito tempo, por alguns deles, como o sempre pitoresco Martinho Lutero, o autor cativante Philip Doddrige, o fascinante batista, Benjamin Beddome e Martyn Lloyd-Jones, que será sempre o mentor de minha peregrinação.

Embora a maioria dos capítulos contenha apenas duas cartas cada, incluí mais umas quatro ou cinco cartas de Philip e Mercy Doddridge e de Thomas e Sally Charles. Isso se deve, em parte, ao meu interesse por eles como casais. No entanto, estou confiante de que aquilo que me atraiu neles também atrairá outros para serem leitores interessados de suas cartas.

As cartas de outros personagens eminentes poderiam ter sido incluídas nesta obra, mas tenho a confiança de que as cartas selecionadas revelam a completude da esfera do casamento cristão, desde a primeira emoção repentina de amar até os altos e baixos da vida conjugal, bem como a experiência da tristeza quando um dos cônjuges é levado para estar com o Senhor da glória. Todas elas, como um todo, são um lembrete do quanto o amor por outro ser humano pode ser uma experiência impressionante e um privilégio; e de que, do ponto de vista cristão, a melhor parte do amor conjugal é que ele é um antegozo da felicidade eterna. Não foi sem motivo que, em Efésios 5, Paulo comparou o amor que o Senhor Jesus tem pela igreja com o amor que um marido sente por sua mulher.

Algumas das cartas incluídas nesta antologia sofreram

uma pequena edição na pontuação e na colocação das letras maiúsculas. A divisão dos parágrafos foi modificada para se adequar aos hábitos modernos de leitura.

———

Qualquer um que escreva um livro como este se torna um devedor. Em primeiro lugar, devo muito a minha filha, Victoria J. Haykin, que trabalhou como minha auxiliar de pesquisa durante o verão de 2008 e digitou a maioria das cartas desta antologia. Ela também ajudou com algumas pesquisas fundamentais para as mini-introduções biográficas a respeito de cada casal. Também sou grato ao arquivista do *Southern Baptist Theological Seminary*, Jason Fowler, e ao seu assistente, Chris Dewease, pela ajuda que deram em relação às cartas de Broadus. Alguns anos atrás, Stephen Pickles, de *Oxford*, que tem pesquisado a vida de Anne Steele, chamou minha atenção para a descoberta que Broome havia feito da carta de Benjamin Beddome, enviada para a senhorita Steele. O Dr. Tom Nettles sugeriu a inclusão das cartas de Adoniram Judson, conselho esse que acatei com alegria. A carta de Judson ao pai de sua primeira esposa, pedindo a permissão dele para casar-se com sua filha, é realmente única. O Dr. Wyn James, da *Cardiff University*, selecionou e transcreveu todas as cartas de Charles, embora eu tenha acrescentado os comentários. Marylynn

Rouse, de *Stratford-upon-Avon*, na Inglaterra, especialista em todas as coisas relacionadas às teorias de John Newton, identificou uma citação de Newton em uma das cartas de Thomas Charles e forneceu-nos detalhes muito úteis sobre ela. O Dr. Robert Strivens, do *London Theological Seminary*, na Inglaterra, ajudou-nos com relação às cartas de Doddridge, pois utilizei uma edição da correspondência de Doddridge feita no século XIX, a qual era muito deficiente.

Finalmente, quero dedicar esta antologia à minha esposa, Alison, que para mim, é a mais querida dentre todas as mulheres.

NOTAS

1 Citado em George M. Marsden, *A Short Life of Jonathan Edwards* (Grand Rapids/Cambridge, U.K.: Eerdmans, 2008), 31.
2 Samuel Stennett, *Discourses on Domestick Duties* (London, 1783), 144–145, 174, 177.
3 J. N. D. Kelly, *Jerome: His Life, Writings, and Controversies* (New York: Harper & Row, 1975), 183, 187.
4 James A. Mohler, *Late Have I Loved You: An Interpretation of Saint Augustine on Human and Divine Relationships* (New York: New City Press, 1991), 71.
5 Edmund Leites, "The Duty to Desire: Love, Friendship, and Sexuality in Some Puritan Theories of Marriage," *Journal of Social History*, 15 (1981–1982), 384.
6 Mohler, *Late Have I Loved You*, 68.
7 *James, 1–2 Peter, 1–3 John, Jude*, ed. Gerald Bray (*Ancient Christian Commentary on Scripture: New Testament*, vol. 11; Downers Grove, Ill.: InterVarsity, 2000), 100.
8 Citado em Richard Stauffer, *The Humanness of John Calvin*, trans. George H. Shriver (Nashville: Abingdon, 1971), 45.
9 Há inúmeros estudos sobre este fato, mas veja principalmente dois deles, o primeiro,

por um comentarista secular; o segundo, por um autor cristão: Morton M. Hunt, "The Impuritans," em seu *The Natural History of Love* (New York: Alfred A. Knopf, 1959), 215-252 e Joel R. Beeke, "The Puritan Marriage," em seu *Living for God's Glory: An Introduction to Calvinism* (Orlando, Fla.: Reformation Trust Publishing, 2008), 317-332.

10 J. I. Packer, "O matrimônio e a família no pensamento puritano" em seu *Entre os gigantes de Deus: Uma visão puritana da vida cristã* (São José dos Campos, SP: Fiel, 1996), 279.

11 Citado em C. H. George and K. George, *The Protestant Mind of the English Reformation 1570-1640* (Princeton: Princeton University Press, 1961), 268.

12 Citado em Margo Todd, *Christian Humanism and the Puritan Social Order* (Cambridge: Cambridge University Press, 1987), 100. Para mais argumentos sobre o assunto veja Daniel Doriani, "The Puritans, Sex, and Pleasure," *Westminster Theological Journal*, 53 (1991), 128-129, e Leland Ryken, *Santos no mundo: os puritanos como realmente eram* (São José dos Campos, SP: Fiel, 1992), 56-57.

13 Citado em Michael Parsons, "Marriage under Threat in the Writing of George Swinnock," *Scottish Bulletin of Evangelical Theology*, 20, No.1 (Spring 2002), 42, n47.

14 Thomas Hooker, *The Application of Redemption* (London: Peter Cole, 1659), 137. Devo essa citação a Joel Beeke, extraída de "The Puritan Marriage" in *Living for God's Glory*, 325.

15 Thomas Hooker, *A Comment Upon Christ's Last Prayer* (London: Peter Cole,1656), 187. Devo essa citação a Joel Beeke, extraída de "The Puritan Marriage" in *Living for God's Glory*, 325.

16 Em relação ao significado da ordem das razões dadas a respeito da instituição do casamento, veja Packer, A Quest for Godliness, 261-262. Veja também Todd, Christian Humanism and the Puritan Social Order, 99-100.

17 Packer, *Entre os gigantes de Deus*, 282.

18 Richard Baxter, *A Christian Directory: or, A Sum of Practical Theology, and Cases of Conscience*, II.1 (*The Practical Works of the Rev. Richard Baxter* [London: James Duncan, 1830], IV, 30).

"O amor é uma paixão indiscreta".

Bispo Thomas Wilson[1]

NOTA

---

1 Esta citação de Thomas Wilson (1663-1755), bispo anglicano da diocese de Sodor and Man, geralmente aparece em antologias de cartas de amor, embora a citação completa seja assim: "O amor é uma paixão indiscreta, embora o teólogo apaixonado seja tímido para falar sobre o verdadeiro deleite de sua alma" (Sacra Privata em The Works of the Right Reverend Father in God, Thomas Wilson, D.D. [Oxford: John Henry Parker, 1860], V, 194).

Capítulo Um

Martinho & Katharina Lutero

Martinho Lutero (1483-1546) desempenhou um papel vital na redescoberta da doutrina bíblica da salvação durante a Reforma protestante do século XVI. Embora, conforme dito na introdução, a Reforma também tenha envolvido uma redescoberta do casamento cristão. Assim como a experiência de conversão de Martinho Lutero serviu de paradigma para muitos, na Europa do século XVI, para o redescobrimento da verdadeira salvação cristã, assim também sua experiência de matrimônio tornou-se um modelo para a recuperação da visão bíblica acerca do casamento.

Na Páscoa de 1523, Lutero organizou a fuga de doze freiras cistercienses, escondidas dentro de barris vazios, dum monastério católico romano na vizinhança. Ele viu-se a si mesmo agindo como um casamenteiro para essas mulheres, no decorrer dos dois anos seguintes, até que todas elas estivessem casadas, com exceção de uma, Katharina von Bora (1499-1552). Ela aparentemente colocou em seu coração o desejo de casar-se com Lutero. Quando eles finalmente se casaram, em junho de 1525, Lutero tinha três curiosas razões para entrar no estado de matrimônio: "Para agradar seu pai, para irritar o papa e o diabo, e para selar seu testemunho antes de seu próprio martírio".[1] Essas não eram as razões mais românticas para alguém se casar, mas Martinho e Katharina tiveram um casamento fabuloso. Podemos ter um vislumbre da alegria que eles encontravam um no outro por meio de uma afirmação feita por ele: "Devo confessar que dou muito mais crédito a Katharina do que a Cristo, embora Ele tenha feito muito mais por mim".[2]

Nas duas cartas de Lutero, que se seguem, escritas no ano de sua morte, é possível contemplar o aguçado senso de humor de Lutero, mas também a consciência que ele tinha sobre a responsabilidade de uma pessoa casada orar pelo seu cônjuge. Também fica evidente a responsabilidade de um cônjuge encorajar o outro na fé.

Martinho Lutero a Katharina Lutero
Halle, 25 de janeiro de 1546

De Martinho Lutero a minha doce e amada Katie Lutero, cervejeira e juíza no mercado de suínos em Wittenberg.³

Graça e paz no Senhor, querida Katie! Hoje, às oito horas, de Halle saímos, mas não chegamos a Eisleben, porque para Halle novamente retornamos por volta das nove horas. Pois uma senhora gorda anabatista encontrou-nos com grande quantidade de água, com enormes pedaços de gelo boiantes; ela ameaçou batizar-nos novamente e ocupou todo espaço do campo.⁴ Mas também estamos impedidos de retornar por causa do [rio] Muld, em Bitterfeld, e somos obrigados a permanecer presos aqui em Halle, entre as águas — não que sequiosos estejamos para bebê-las. A despeito disso, podemos comprar boa cerveja de Torgau e bom vinho de Rhine, com os quais nos refrescamos e confortamo-nos durante esse tempo, na esperança de que a fúria do [rio] Saale diminua hoje. Visto que o barqueiro e as próprias pessoas daqui também têm pouca coragem [para tentar a travessia], não intencionamos entrar na água e tentar a Deus. Pois irado conosco está o diabo, e ele habita nas águas. Eis que prevenir é melhor que remediar, e não há necessidade alguma de preparar um espetáculo tolo para o papa e seus sanguessugas. Eu não imaginava que o Saale pudesse provocar tamanho alagamento e mover as pedras, bem como todas as coisas, de um lado para o outro desse jeito.

Não há nada mais a dizer. Vós, orai por nós, e sede bons. Estou certo de que, se você estivesse aqui, também teria nos aconselhado a agir dessa maneira; então, como pode ver, ao menos uma vez na vida estamos seguindo o seu conselho. Com esta carta, entrego-te a Deus. Amém.

— Dr. Martinho Lutero

De Martinho Lutero para Katharina Lutero
[Eisleben,] 10 de fevereiro de 1546

Marinho Lutero, à santa senhora, cheia de inquietações, Senhora Katharina, douta, senhora de Zölsdorf, em Wittenberg, minha graciosa e mui estimada mestra do lar.[5]

Graça e paz em Cristo! A mais santa das doutoras! Meus cordiais agradecimentos por tua grande inquietação, a qual rouba-te o sono. Desde o dia em que começastes a inquietar-te por minha causa, o fogo que estava do lado de fora do alojamento tentou devorar-me em meus aposentos; e ontem, sem dúvida alguma, devido à força de tuas preocupações, uma pedra por pouco não caiu em minha cabeça e esmagou-me como a um rato em uma armadilha. A razão disso é que durante quase dois dias tem caído argamassa em nosso aposento privado;[6] *pedimos ajuda a algumas pessoas, que simplesmente com dois dedos tocaram a pedra e ela caiu. Tão comprida era a pedra quanto um travesseiro e tão larga quanto uma mão grande; essa pedra intencionava recompensar-te por todas as tuas santas inquietações, se não houvesse me protegido os amados anjos. Agora, estou temeroso de que se não parares de te inquietar, a terra finalmente venha a nos tragar e caçados sejamos por todos os seus elementos. Foi essa a maneira como aprendeste o Catecismo e a fé? Faze orações a Deus e deixe que Ele se preocupe. É certo que não recebeste mandamento algum para inquietar-te por minha causa ou por tua. "Lança o teu cuidado sobre o SENHOR, e ele te susterá", como está escrito em Salmos 55.22, bem como em muitos outros textos...*

Sua Santidade e seu servo bem disposto,
— Matinho Lutero

NOTAS

1. Roland Bainton, *Here I Stand: A Life of Martin Luther* (New York/Nashville: Abingdon, 1950), 288.
2. Citado em ibid., 293. Para saber sobre a visão de Lutero a respeito do casamento veja ibid., 298-302 e Michael Parsons, *Reformation Marriage: The Husband and Wife Relationship in the Theology of Luther and Calvin* (Edinburgh: Rutherford House, 2005), 103–212.
3. Extraído de Luther's Works: v. 50: Letters III. ed. and trans. Gottfried G. Krodel (Philadelphia: Fortress, 1975), 286–287. Usado com permissão. Lutero literalmente dirige-se a sua esposa como "uma vendedora de cerveja e juíza". A referência à Katharina como uma juíza provavelmente era uma referência à sua habilidade para conduzir seu lar. Veja também Luther's Works: Vol. 50: Letters III, 286, n10.
4. Lutero está se referindo a uma inundação, quando um degelo repentino fez com que o

rio Saale transbordasse.
5 *Luther's Works: Vol. 50: Letters III*, 305–306. Usado com permissão. Zölsdorf era uma propriedade que Lutero adquiriu na primavera de 1540. Veja também *Luther's Works: Vol. 50: Letters III*, 208, n13.
6 Ou seja, o banheiro.

Capítulo Dois

JOÃO & IDELETTE CALVINO

Se Martinho Lutero foi o pioneiro da Reforma, o seu contemporâneo mais novo, João Calvino (1509-1563), deve ser considerado como o teólogo sistemático da reforma. Durante quase todo o seu ministério, de 1536 até sua morte, em 1564, Calvino esteve exilado na Genebra de fala francesa. Esses anos em Genebra foram interrompidos por um período de permanência em Estrasburgo, de 1538 a 1541, e foi nesse intervalo que Calvino casou-se.

Devido à pressão de alguns amigos, incluindo seu amigo íntimo Guillaume Farel (1489-1565), Calvino esboçou uma lista de atributos que buscava em uma esposa. Uma vez, ele contou a Farel que não se preocupava muito com a aparência física. Estava procurando uma mulher que fosse casta, sóbria, prudente, paciente e apta para "cuidar de minha saúde".[1] Farel disse-lhe que conhecia uma mulher ideal, mas não deu certo. Então, eles propuseram que ele se casasse com certa mulher de classe social mais elevada. Entretanto, ela não sabia falar francês, o que não deixava Calvino muito feliz. Calvino também tinha receio de que o prestígio social dela pudesse induzi-lo ao orgulho. No entanto, o irmão de Calvino, Antoine (m. 1573), estava muito entusiasmado com a idéia daquele casamento. Por essa razão, Calvino concordou em considerar essa possibilidade, contanto que a mulher prometesse aprender o francês. Isso aconteceu no início de 1540.[2] Porém, mais tarde, em março daquele mesmo ano, Calvino andou dizendo que jamais pensaria em se casar com aquela mulher, a menos que "Deus me faça perder completamente o juízo".[3]

Todavia, no mês de agosto, ele conheceu outra mulher e casou-se com ela, uma viúva chamada Idelette de Bure (c. 1499-1540), que tinha dois filhos. Seu primeiro marido, Jean Stordeur (m. 1540), havia sido um líder anabatista, que por meio de discussões com Calvino tornou-se convicto da posição reformada.

Calvino não falou muito sobre sua esposa em suas

cartas, durante os seus oito anos e meio de casamento. Ela faleceu em março de 1549, após ter sofrido com enfermidades durante muitos anos. No entanto, duas afirmações revelam o quanto eles eram íntimos.[4] Por exemplo, durante a primavera de 1541, antes de retornar à Genebra, Calvino esteve com sua esposa em Estrasburgo. Uma epidemia estava se alastrando na cidade. Calvino decidiu permanecer em Estrasburgo, mas mandou sua esposa embora, para que ela estivesse em segurança. Ele disse a Farel: "Ela está constantemente em meus pensamentos, dia e noite, e talvez esteja precisando de conselhos, já que está afastada de seu marido".[5] A segunda afirmação aparece em uma carta escrita após a morte do único filho que eles tiveram, Jacques, que morreu logo depois de seu nascimento prematuro, em 1542. Calvino escreveu a outro amigo íntimo, Pierre Viret (1511-1571): "Certamente o Senhor nos feriu de maneira severa e amarga por meio da morte de nosso filho. Ele também é Pai e bem conhece o que é bom para seus filhos".[6]

Nas duas cartas que se seguem, Calvino conta detalhes sobre a morte de Idelette a Viret e Farel. Sua intensa aflição revela o profundo amor que sentia por ela. Podemos ver a ternura de Calvino para com sua esposa à medida que ele fala sobre os procedimentos que adotou para aliviar qualquer ansiedade que ela pudesse ter em relação ao futuro de seus filhos, após a sua morte. Esse tipo de cuidado é um modelo para os maridos.

De João Calvino para Pierre Viret[7]

7 de abril de 1549

Embora a morte de minha esposa esteja sendo algo excruciantemente doloroso para mim, a despeito disso, tento transpor minha tristeza da melhor maneira possível. Meus amigos têm sido zelosos em seus deveres para comigo. De fato, gostaria que eles pudessem estimular-me mais, bem como a eles mesmos; apesar disso, raramente alguém poderia exprimir o quanto tenho sido amparado por meio de suas atenções. Mas tu bem sabes o quanto minha mente está sensível, ou melhor, debilitada. Não fora por um poderoso domínio próprio, que a mim me foi concedido, eu não teria permanecido firme por tanto tempo. Não é minha, de fato, a origem dessa fonte comum de tristeza. Da melhor companheira de minha vida fui privado; daquela que, se assim estivesse determinado, não somente compartilharia, de boa vontade, da minha pobreza, como também da minha própria morte. Durante sua vida, ela foi uma fiel ajudadora em meu ministério. Da parte dela, nunca experimentei nenhum obstáculo. No decorrer de toda a sua enfermidade ela nunca me importunou; desassossegava-se mais por causa de seus filhos do que por si mesma. Porque eu receava que essas inquietações pessoais a aborrecessem sem motivo, três dias antes de sua morte, aproveitei a ocasião para dizer-lhe que não falharia em cumprir minhas obrigações em relação aos filhos dela. Ela replicou imediatamente, dizendo: "Eu já os entreguei a Deus". Quando afirmei que aquilo que ela dissera não me impediria de inquietar-me por causa deles, ela respondeu: "Sei que você jamais descuidaria daquilo que a Deus foi entregue".

De João Calvino para Guillaume Farel[8]
Genebra, 11 de abril de 1549

Neste momento, tu já deves ter recebido informações acerca do falecimento de minha esposa. Tenho feito o que posso para não ficar totalmente dominado pela tristeza. Meus amigos também não têm deixado de fazer o possível para abrandar meu sofrimento mental. Quando o teu irmão partiu, já não mais havia esperança de vida para ela. Quando os irmãos se ajuntaram na terça-feira, acharam que seria melhor nos unirmos em oração; e isso fizemos. Quando Abel, em nome dos demais, exortou-a a ter fé e a ser paciente, ela brevemente exprimiu o que havia em sua mente (pois, naquele momento, já estava bem enfraquecida). Mais tarde, fiz mais uma exortação *que me pareceu apropriada para a ocasião. E, depois, como ela não havia feito menção alguma acerca dos filhos, temendo que estivesse muito angustiada por causa deles, mas que estivesse se reprimindo por modéstia, fato que lhe poderia causar maior sofrimento do que a própria enfermidade, na presença de todos os irmãos, declarei que daquele momento em diante cuidaria dos filhos dela como se fossem meus. Ela replicou: "Eu os entreguei ao Senhor". Quando respondi que aquilo que ela dissera não me impediria de cumprir minha obrigação, ela respondeu: "Se Deus estiver cuidando deles, sei que Ele os confiará a ti". Tão intensa era a sua magnanimidade que parecia que ela já havia deixado este mundo.*

Por volta das seis horas da manhã, quando ela já havia entregado o seu espírito ao Senhor, nosso irmão Bourgouin[9] dirigiu-lhe algumas palavras piedosas, e enquanto ele falava, ela bradou de tal modo que todos perceberam que muito além do mundo estava elevado o seu coração. Pois estas foram as suas palavras: "Oh, ressurreição gloriosa! Oh, Deus de Abraão e de nossos pais, em quem os fiéis confiaram durante muitas gerações passadas, e nenhum deles confiou em vão. Eu também terei esperança". Essas breves sentenças foram emitidas de modo súbito, em vez de serem pronunciadas claramente. Elas não partiram da sugestão de outras pessoas, mas sim de seus próprios pensamentos, o que deixou evidente, em poucas palavras, em que meditava o seu coração.

Eu carecia de sair às seis horas. Havendo sido removida

para outro aposento após as sete horas, ela começou a desfalecer imediatamente. Ao perceber que sua voz falhara de modo súbito, ela disse: "Oremos, oremos. Todos vós, orai por mim". Naquele momento, retornei. Ela não conseguia falar, e sua mente parecia perturbada. Encarreguei-me de orar, após haver dito algumas poucas palavras sobre o amor de Cristo, a esperança da vida eterna, a respeito de nossa vida de casados e de sua partida. Estando no total domínio de suas faculdades mentais, ela ouviu e prestou atenção à oração. Expirou antes das oito horas, de maneira tão serena que aqueles que estavam presentes mal podiam fazer distinção entre seu estado de vida e de morte. No presente, procuro conter minha tristeza para que isso não prejudique minhas obrigações...

Adieu, meu irmão e amigo mui excelente. Que o Senhor Jesus te fortifique por meio de seu Espírito; e que Ele me ampare em meio a essa intensa aflição, que certamente me venceria, se Aquele que levanta ao que está caído, que fortifica o fraco e dá vigor ao abatido não houvesse estendido sua mão do céu para mim. Saudações a todos os irmãos e a toda a tua família.

Atenciosamente,
— João Calvino

NOTAS

1 T. H. L. Parker, *John Calvin: A Biography* (Philadelphia: Westminster, 1975), 71.
2 Ibid., 71-72.

3 Citado em ibid., 72.
4 T. H. L. Parker, *Portrait of Calvin* (London: SCM Press, 1954), 70–71.
5 Citado em ibid., 71.
6 Citado em ibid.
7 Extraído de *Letters of John Calvin*, compiladas por Jules Bonnet (1858 ed.; repr. New York: Burt Franklin, 1972), II, 217–219.
8 Extraído de ibid., 216-217.
9 François Bourgouin era um dos presbíteros da igreja de Genebra.

Capítulo Três

JOHN & LUCY HUTCHINSON

John Hutchinson (1615-1664) foi o comandante militar puritano de Nottingham durante a guerra civil inglesa (1642-1651), e teve um papel muito significativo como um dos juízes signatários da sentença de morte de Charles I, em 1649. Em 1638, casou-se com a dama Lucy Apsley (1620-?),1 filha do tenente da Torre de Londres, Sir Allen Apsley. O pai de Lucy não havia economizado despesas com a educação dela. Ela teve aulas de francês e também de latim, e seus escritos indicam sua nítida competência tanto em grego clássico quanto em hebraico. Durante os primeiros anos de seu casamento, ela traduziu, em versos, algumas antologias poéticas do materialista romano, Lucrécio (c. 99-55 a.C.), embora, mais tarde, quando se tornou uma cristã mais comprometida, tenha ficado envergonhada por ter traduzido o autor pagão e se recusado a autorizar a publicação de sua tradução. Também foi autora do poema épico "militantemente trinitariano e calvinista", *Order and Disorder* [Ordem e desordem], baseado em Gênesis, o qual foi publicado em sua totalidade apenas recentemente.[2]

Após a restauração da monarquia em 1660, John Hutchinson, assim como outros regicidas, conseguiu escapar com sua esposa, em parte devido à influência dos monarquistas da família dela e em parte por causa de sua própria expressão de remorso por ter participado do julgamento e da execução de Charles I. Entretanto, em 1663, foi detido por suspeita de conspiração contra o governo e preso no Castelo de Sandown, em Kent. Mais tarde, Lucy notou que a câmara na qual ele estava preso era tão "insalubre e úmida" que, mesmo no verão, todos os objetos de Hutchinson, feitos de couro, ficaram "cobertos de mofo - você poderia limpá-los o mais que pudesse pela manhã, e no outro dia eles estariam embolorados novamente".[3] Lucy visitou seu marido com freqüência durante o tempo em que esteve aprisionado, mas não estava em sua companhia quando ele morreu de um tipo de febre provavelmente contraída devido às condições nas quais estava confinado, em contato com o mofo.

Determinada a vindicar a memória de seu marido, a princípio por causa de seus filhos, Lucy redigiu um memorial para ele, o qual foi finalizado em 1671, após anos de trabalho, embora não houvesse sido publicado até 1806, devido às reflexões políticas contidas nele. Esse memorial preserva uma bela descrição da vida matrimonial e da paixão presente no casamento puritano. Os excertos abaixo foram extraídos do prefácio desse memorial, o qual foi composto por Lucy na forma de uma carta aos seus filhos.[4]

Essa carta demonstra a importância de se certificar que os filhos estejam cientes sobre o amor existente entre seus pais. Ela também ilustra a verdade de que o amor a Deus deve exceder ao máximo o amor por um ser humano amado.

De Lucy Hutchinson para os seus filhos

Quando aqueles que amam as excelências morais têm os seus ídolos mais adorados tirados de si, por meio do destino inevitável da fragilidade de todas as coisas, é provável que abandonem as paixões frívolas para entrarem num mar de melancolia, cuja maré leva para longe todas as boas lembranças que eles possuíam em relação àquilo que perderam. E, quando a consolação daqueles que estão pesarosos é concedida, geralmente todos os objetos de sua memória são tirados de sua vista, pois se essas mesmas coisas fossem recordadas, sua tristeza poderia ser revivida. Todavia, no devido tempo, isso produz um efeito medicinal, e a cortina do esquecimento é aos poucos removida de suas faces entristecidas. Aquelas coisas que eram menos amadas passam a ser desejadas, embora não sejam associadas àquilo que era mais excelente. Contudo, eu, que recebi um mandamento para não desfrutar o direito universal que uma mulher desolada possui de angustiar-se,5 enquanto pondero numa maneira de dominar minha aflição e de tornar ainda maior o meu amor, se isso me fosse possível, no presente momento, não posso conceber nada que seja mais justo em relação ao vosso pai e que me conceda maior consolação do que preservar a memória dele. Não necessito fazer isso de modo a embelezá-la demasiadamente com louvores lisonjeadores, assim como os oradores de aluguel o fazem àqueles que são verdadeiramente ilustres e possuidores de títulos. Uma narrativa desnuda e comum, expondo a simples verdade, adornará o vosso pai com uma glória de significância muito maior do que todos os elogios pomposos que as melhores penas de escrita poderiam dedicar às virtudes daquele que foi o mais excelente dentre os homens...

Que o nosso amor e deleite excessivos por um rio não nos faça olvidar de sua nascente. Vosso pai, bem como todas as suas excelências, vieram de Deus e correram de volta para sua própria fonte, e é lá que podemos encontrar essas excelências, é para lá que nos apressaremos em segui-lo, e após o termos encontrado lá, cessaremos de lamentar entre os mortos, aquele que vive, ou melhor, é imortal. Quando ele aqui estava, sua alma conversava intensamente com Deus, de modo que ela agora se regozija por estar eternamente livre de interrupções nessa prática bendita. Suas virtudes estão registradas nas crônicas celestiais e jamais perecerão. Ele ainda nos ensina por meio delas, bem como a todos quantos tiveram conhecimento delas. Somente os seus grilhões, seus pecados, suas fraquezas e suas doenças é que morreram e jamais tornarão a viver, nem poderemos tê-las de volta. Essas coisas eram suas inimigas, e são nossas inimigas também, mas pela fé em Cristo, ele as subjugou. Se um dia estivemos ligados a ele, essa ligadura ainda permanece inseparável. Se fomos unidos por um Espírito, num só corpo, o corpo de Cristo, ainda continuamos unidos. Se fomos unidos mutuamente num só amor, prezados senhores e senhoras, no amor de Deus e em sua benignidade, ainda permanecemos nessa posição. Então, o que é isso que nos faz lamentar por sua partida? A distância? Tolos sem fé! Somente a tristeza nos leva a isso. Que não façamos outra coisa senão nos elevar a Deus na santa alegria por essa grandiosa graça concedida ao seu pobre servo e pelo fato de que vosso pai estará ali conosco. Ele foi apenas afastado da malícia de seus inimigos, e nós, ao sermos afligidos por esses mesmos inimigos, não deveríamos tentar demonstrar nosso amor por ele, mas sim lamentar por nós mesmos, por tardarmos em segui-lo. Gostaríamos que ele aqui conosco estivesse, para nos guiar e nos auxiliar em nosso caminho. Mas se as lágrimas não vierem a embaçar os nossos olhos, devemos enxergá-lo no céu, ostentando a luz resplandecente de seus exemplos virtuosos e de seus preceitos, como se ela estivesse a nos iluminar em meio a esse mundo tenebroso. É hora de trazer ao vosso conhecimento aquele esplendor que, embora vos alegre e ilumine vossas mentes entristecidas, também nos leva a lembrar de oferecer todas as glórias de vosso pai e as nossas próprias a Deus somente, pois Ele é o pai e a fonte de toda luz e excelência...

No que diz respeito à afeição conjugal por sua esposa, isso era tão notório em sua vida que qualquer pessoa poderia tomá-lo como um exemplo de honra, bondade e religiosidade a ser praticada no matrimônio, sem que haja a necessidade de mais nada fazer, senão apenas seguir o seu exemplo. Jamais se viu um homem que possuísse maior paixão por uma mulher, nem tão honrosa consideração por sua esposa, embora não se sujeitasse a ela, nem aviltasse este santo preceito, o qual ela sentia-se honrada em obedecer. No entanto, ele tomava as rédeas de seu governo com tamanha prudência e afeição que a mulher que não se deleitasse nessa sujeição, de tal forma honrosa e vantajosa, deveria ansiar possuir sanidade mental. Ele governava por meio da persuasão, que ele jamais empregara senão naquilo que fosse honroso e proveitoso para ela, pois ele amava a alma e a honra de sua esposa muito mais do que a aparência dela, embora tivesse prazer constante em sua pessoa, de modo que excedia às paixões transitórias próprias da maioria daqueles tolos que são dominados por suas esposas. E se ele a estimava num grau tão elevado que ela, por si só, não poderia merecer, era porque ele era o autor dessa virtude de amor desmedido, ao passo que ela apenas refletia as próprias glórias dele sobre ele. Tudo o que ela era, ele o foi enquanto aqui estivera, e tudo o que ela é de melhor, agora nada mais é senão uma sombra pálida daquilo que ele era. Ele era excessivamente benévolo para com ela e tinha um temperamento tão generoso que odiava até mesmo a idéia de terem seu dinheiro separado. Vivia à disposição dela e nunca pediu contas de nada que ela houvesse gastado. Era tão constante em seu amor por ela que, quando ela deixou de ser jovem e encantadora, afeição ainda maior passou a demonstrar por ela. Ele a amava com tamanha bondade e generosidade que não haveria palavras para expressar tal nível de amor. E embora esse fosse o amor mais elevado que ele ou qualquer outro homem pudesse sentir por uma mulher, esse amor era limitado por um amor superior. Ele a amava no Senhor, como uma criatura semelhante a si mesmo e não como a um ídolo. No entanto, na maneira de expressar essa afeição, a qual era limitada pelas regras justas do dever, ele excedia, de todas as formas, todas as paixões exageradas desse mundo. Ele amava a Deus acima de sua esposa, e todos os demais preciosos compromissos de seu coração estavam alegremente submissos a Ele, sob o seu comando, para a sua glória.

NOTAS

1 A data da morte de Lucy Hutchinson é desconhecida, embora deva ter acontecido após 1675.
2 Lucy Hutchinson, *Order and Disorder*, ed. David Norbrook (Oxford: Blackwell Publishers, 2001). A citação foi extraída desse mesmo livro, xv.
3 Lucy Hutchinson, *Memoirs of the Life of Colonel Hutchinson*, ed. Julius Hutchinson (Repr. London: J.M. Dent & Sons, 1968), 370–371. Usado com permissão.
4 Ibid., 16-18, *passim*, e 24-25.
5 Na ocasião de sua morte, Hutchinson pediu que esta mensagem fosse entregue a Lucy: "Que ela continue a ser como é: uma mulher superior às demais mulheres. Que nesta situação, ela se revele uma boa cristã, num nível superior ao das mulheres comuns" (Ibid., 379).

Capítulo Quatro

PHILIP & MERCY DODDRIDGE

Philip Doddridge (1702-1751), um londrino, foi um dos escritores mais cativantes do século XVIII. Ele herdou preciosas raízes puritanas de seus ancestrais e suas convicções teológicas eram no geral calvinistas. Era considerado um polímata, extremamente competente em teologia, matemática e física.[1] Em 1729, aceitou um convite para ser o pastor da igreja de Castle Hill, em Northampton, a qual pastoreou até a sua morte em 1751. Ainda em 1729, escreveu o livro *The Rise and Progress of Religion in the Soul* (1745) [A origem e o progresso da religião na alma], o qual tornou-se um clássico da noite para o dia e foi um instrumento na conversão de William Wilberforce (1759-1833). Cem anos mais tarde, esse livro ainda era editado inúmeras vezes e traduzido para uma grande variedade de línguas, incluindo galês, gaélico escocês, holandês, francês e italiano.

Doddridge também era um "grande escritor de cartas",[2] e o principal de seus correspondentes era sua esposa, Mercy, cujo nome de solteira era Maris (1708-1790).[3] Doddrige escrevia para ela constantemente quando estava longe de casa. Nas palavras de Geoffrey F. Nuttall, um especialista nos escritos de Doddridge, as cartas de um para o outro eram "geralmente bem-humoradas e sempre instilavam a intimidade de uma confiança profunda e indestrutível" e, conforme acrescentou, são dignas de serem incluídas em "uma antologia de cartas de amor como essa".[4]

Nessas cartas, podemos ver como os crentes apaixonados expressam sua saudade um pelo outro e como a ausência do outro pode ser amenizada através do compartilhar das bênçãos espirituais.

De Philip Doddridge para Mercy Doddridge [5]

Plymouth, sábado à noite, 3 de julho de 1742

À minha amada,

Agora estou muito mais distante de ti do que jamais estive em minha vida ou imaginaria estar, pois estou a mais de quarenta e cinco léguas de distância, embora nunca tenha ficado tão próximo de ti em afeição e, talvez, nunca tenha estado tão ciente da alegria de possuir uma relação tão íntima contigo.[6] Pensei muito em ti no dia de hoje, o qual certamente tem sido um dia muito agradável, e eu gostaria de dividir contigo especialmente os dias agradáveis. Na verdade, tenho necessidade de compartilhá-los contigo, a fim de que eles sejam completamente agradáveis...

Mande lembranças aos nossos amados filhos e diga-lhes que estou muito feliz em ouvir que estão tão bem, e que oro por eles todos os dias. A preciosa mãe deles pode assegurar-se de que não tem sido esquecida. Espero que possamos ter muitos dias serenos e muitos domingos juntos. E nesse ínterim, quer estejamos na presença ou na ausência um do outro, que possamos perceber a bondade divina em nos preservar de forma tão graciosa, por todo esse tempo, e nos esforçar para nos prepararmos cada vez mais para aquele mundo melhor, onde muitos de nossos preciosos amigos estão nos aguardando e onde não haverá mais ausências. Vivo na expectativa agradável desse mundo.

À minha amada, daquele que mais a ama,
— P. Doddridge

De Philip Doddridge para Mercy Doddridge[7]
Northampton, 31 de outubro de 1742

À minha amada,

Enviei, na noite passada, todas as cartas que tive de escrever, mas separei intencionalmente, até hoje pela manhã, aquela que queria enviar-te, pois sabia que poderia ter a liberdade de concentrar-me mais na escrita, sem me esgotar - visto que hoje é domingo e o dia da ceia do Senhor. E não somente por isso, mas também por ter a certeza de que minha carta seria mais agradável a ti, e porque combinaria mais com essa ocasião tão oportuna...

Minha querida, espero que não fiques ofendida quando eu te disser que estou sendo aquilo que dificilmente seria sem que houvesse um milagre: tenho sido feliz e estado bem sossegado sem a tua presença. Meus dias começam, passam e terminam repletos de satisfação e, por serem tão agradáveis, parecem bem curtos. Isso pode parecer estranho, mas é verdade. Raramente sinto que preciso de alguma coisa. Sempre penso em ti, oro por ti, bendigo a Deus por tua causa e alegro-me com a esperança de ter muitos dias, semanas e anos felizes contigo. Apesar disso, não estou ansioso pelo teu retorno, nem por outra coisa qualquer. E a razão para isso, a grande e suficiente razão para isso é que, pelo que me lembro, desfruto muito mais a presença de Deus comigo agora do que jamais desfrutei em qualquer outro mês de minha vida. Ele me capacita a viver para Ele e com Ele.

Quando acordo pela manhã, sempre antes do dia clarear, dirijo-me a Ele e converso com Ele. Falo com Ele enquanto acendo minha vela e troco de roupa, e tenho mais deleite nos momentos que ainda estou em meu quarto do que jamais desfrutei durante dias inteiros ou, talvez, semanas de minha vida; embora esse tempo dificilmente dure mais do que quinze minutos após o meu despertar. Ele vem ao meu encontro nos estudos, quando estou sozinho e nos cultos domésticos.[8] É uma grande satisfação ler. É uma grande satisfação compor. É uma grande satisfação conversar com meus amigos em casa. É uma grande satisfação visitar os que estão no exterior - os pobres, os doentes. É uma grande satisfação escrever cartas sobre assuntos necessários, por meio das quais algum bem possa ser feito. É uma grande satisfação sair e pregar o evangelho às almas abatidas, dentre as quais algumas estão sedentas pelo evangelho e outras, morrendo sem ele. É uma grande satisfação poder pensar, durante a semana, na proximidade do outro domingo - Oh! Mas é uma satisfação muito, muito maior, pensar no quanto estamos próximos da eternidade, no quanto será breve nossa jornada neste deserto e que estamos a apenas um passo do céu...

Preciso colocar esta carta no correio e, por essa razão, tenho de concluí-la, desejando a ti toda a felicidade que sinto, e muito mais, se o teu coração puder contê-la.

À minha amada, de seu amigo sempre
apaixonado, que deseja amá-la para sempre,
— P. Doddridge

De Mercy Doddridge para Philip Doddridge [9]
Bath, 7 de novembro de 1742

Meu precioso amor,

Agradeço de todo o coração por tua carta encantadora de 31 de outubro. Regozijo-me grandemente por tuas alegrias sublimes e não me surpreendo, de modo algum, com o fato de que tamanha medida da presença divina deixe tua mente livre de todas as inquietações e te conceda a perfeita felicidade nesses momentos serenos, sem que tenhas de depender de teus amigos terrenos para isso. No entanto, devo confessar que uma porção de sua carta, por mais encantadora que ela tenha sido, produziu um efeito contrário e encheu minha mente com grande aflição e inquietação. E como bem expressou a senhora Scott, tua carta, na verdade, levou-me a "quase tremer ao pensar que sou mortal". E esse temor aumentou muito mais pela consciência da tamanha ternura que meu coração sente por ti, o que algumas vezes me traz o receio de que eu possa estar pecando, dando-te um lugar em meu coração que deveria ser consagrado somente a Deus, de quem eu acredito ter recebido permissão para te amar. Ore para que eu possa descansar em relação a essa questão.

E esse não é o único motivo de minha inquietação, pois também receio que essas manifestações extraordinárias do favor divino, que te induzem a desejar intensamente ganhar as almas perdidas, acabem te levando a empenhar-te além das tuas forças no trabalho e diminuindo tua vida, a qual é mais preciosa para mim do que qualquer outra coisa neste mundo...

Meu amado, concluo sem mais cerimônias, garantindo-te, com toda a sinceridade e ternura possíveis, que sou tua completa apaixonada,

— M. Doddridge

De Philip Doddridge para Mercy Doddridge [10]
Northampton, 13 de novembro de 1742

Minha amada,

Quase não pude acreditar no que meus olhos viam devido à alegria que senti ao ver tua preciosa letra no verso do envelope que recebi de Bath, bem como ao encontrar quatro páginas ao abri-lo, com a conclusão prazerosa de que estás melhor e de que não tiveste nenhum sintoma nocivo enquanto escrevia. Espero alegremente que Deus esteja respondendo às minhas orações afetuosas e diárias por ti, e que Ele te restaure em poucas semanas, dando-te boa saúde e bom ânimo. Anseio muito por esse momento feliz e nunca achei tão difícil obedecer ao chamado do dever para permanecer em casa, como agora, quando a melhor parte de mim está tão distante. Para mim, pouco me importa quem esteja ou não em Bath, contanto que tu estejas satisfeita na companhia deles. Se eu pudesse fazer a minha vontade, preferiria estar contigo numa pequena cabana no deserto a estar nos círculos dos mais famosos, mais versados e mais eruditos. E, com certeza, o simples fato de ler tuas cartas me dá muito maior prazer do que poderiam me proporcionar a companhia de qualquer outra pessoa ou entretenimentos, como livros e amigos...

Teu igualmente apaixonado e fiel,
— Philip Doddridge

De Philip Doddridge para Mercy Doddridge [11]
Northampton, 3 de março de 1743

Minha amada,
Tua carta graciosa chegou numa hora oportuna e produziu um efeito muito agradável. Tu sabias, minha amada, que ela chegaria no dia do Senhor, à noite. Era nosso dia de ceia e realmente o dia mais aprazível para mim. Minha alegria diante dessa ordenança era tão grande que eu mal podia contê-la. Fiz o que pude para abster-me de falar a meu respeito, o que me foi muito difícil, pois se o fizesse, seria de um modo muito imperfeito. Oh, que chama divina eu senti em minha alma, a qual me trouxe à mente o "extravazante rio de luzes" do qual falou Howe.12 Se fosse possível levar essas impressões durante

toda a nossa vida, isso traria um tipo de independência à alma que a elevaria muito além da existência mortal. Na verdade, num sentido mais literal e apropriado, isso seria a "alegria indizível e a plenitude da glória"! Não tenho dúvidas, minha amada amiga terrena, de que essa alegria se deve, em parte, à resposta de tuas orações. Recebi uma boa medida dessa alegria em resposta às tuas orações. Depois disso, prometi a mim mesmo que deveríamos estar sempre juntos, mas Deus se agradou em me prover com tanta abundância, que não há lugar para reclamar por aquilo que Ele me negou. No entanto, tu podes estar segura de que não conseguiria deixar de lembrar de ti nessas circunstâncias...

Minha amada, sou teu,
— P. Doddrige

De Mercy Doddridge para Philip Doddridge [10]

Bath, 12 de março de 1743

Meu amado,
É raro encontrar essa generosidade incomparável que te distingue; e o prazer da minha vida e minha alegria cotidiana é lembrar do quanto sou grandemente devedora a ti, e acima de tudo, devedora à Fonte de todas as minhas misericórdias por ter me dado um amigo como tu. Regozijo-

me na bondade divina concedida a ti, e a mim mesma, por teu intermédio, pelo fato de Deus ter se agradado em retribuir-te abundantemente em tua própria alma, favorecendo-te com tais manifestações esplendorosas e extraordinárias de sua presença e graça, durante o tempo em que tu tens sido tão constante em abençoar e reanimar os outros. Anseio muito estar contigo, principalmente em ocasiões felizes como essa, na humilde esperança de conseguir apanhar um pouquinho dessa chama sagrada. Foi um grande infortúnio para nós estarmos privados do grande prazer que prometemos a nós mesmos de nos unirmos a ti nessa ordenança prazerosa e desfrutarmos de seus valiosos esforços. Como resultado de tua ausência, realmente acredito que meu domingo tenha sido um pouco menos agradável do que o teu, mas apesar de tudo, tanto os instrumentos humanos como as ordenanças vêm de Deus, e Ele tem se agradado em abençoar os teus esforços de uma maneira especial, com o intuito de me edificar e consolar...

Meu amado, tu não achas que Swift estava profetizando a nosso respeito quando disse: "Raramente as pessoas que mais se amam conseguem ficar juntas"?[14] E isso acontece, como ele mesmo observou, para nos convencer acerca da imperfeição da felicidade humana. Na verdade, sinto liberdade para confessar que essa situação de separação tem me feito perceber essa imperfeição, apesar de todas as vantagens das quais eu poderia me vangloriar, como as companhias e as amizades...

Já está na hora de concluir, e eu o farei desejando uma boa noite ao meu amado, garantindo-lhe que sou completamente dele.

> *Com toda consideração e afeição possíveis,*
> *— M. Doddridge*

NOTAS

1 D. L. Jeffery, "Doddridge, Philip," in Biographical Dictionary of Evangelicals, ed. Timothy Larsen (Leicester, England: Inter-Varsity Press/Downers Grove, Ill.: InterVarsity Press, 2003), 187.
2 Geoffrey F. Nuttall, "Doddridge's Life and Times," in his ed., Philip Doddridge 1702–1751: His Contribution to English Religion (London: Independent Press, 1951), 28.
3 A respeito do casamento deles, veja Malcolm Deacon, Philip Doddridge of Northampton 1702-51 (Northampton: Northamptonshire Libraries, 1980), 64–71.
4 Nuttall, "Doddridge's Life and Times," in Philip Doddridge, 29.
5 The Correspondence and Diary of Philip Doddridge, D.D., ed. John Doddridge Humphreys (London: Henry Colburn and Richard Bentley, 1830), IV, 99–100.
6 Doddridge estava numa viagem para pregar em Devon e em West Country, na Inglaterra.
7 Correspondence and Diary of Philip Doddridge, D.D., IV, 123–126, passim. Mercy havia ido para Bath para recuperar-se de uma doença grave. Veja Deacon, Philip Doddridge of Northampton, 66.
8 Para ver o comentário sobre este texto veja Nuttall, "Philip Doddridge—A Personal Appreciation," in Philip Doddridge, 158–159.
9 Correspondence and Diary of Philip Doddridge, D.D., IV, 130–131, 133.
10 Ibid., IV, 139.
11 Ibid., IV, 211–212, passim.
12 Esta é uma referência ao teólogo puritano John Howe (1630-1705), um dos autores preferidos de Doddridge (Nuttall, "Philip Doddridge — A Personal Appreciation," in Philip Doddridge, 159–160). Após a morte de Howe, uma passagem autobiográfica foi encontrada na folha de rosto de sua Bíblia. Ela trazia a anotação de que em certa ocasião, após Howe ter percebido que juntamente com um pleno consentimento intelectual das verdades bíblicas deveria haver também "um discernimento e uma satisfação vivificante nas pessoas", ele relatou haver tido este sonho: "Um rio trans-

bordante e maravilhoso de raios celestiais, vindo do elevado trono da majestade de Deus, parecia penetrar em meu peito aberto e dilatado" (citado em Nuttall, "Philip Doddridge — A Personal Appreciation," in Philip Doddridge, 160).
13 Correspondence and Diary of Philip Doddridge, D.D., IV, 215–216, 217, passim.
14 Uma citação do satirista anglo-irlandês Jonathan Swift (1667-1745).

Capítulo Cinco

BENJAMIN BEDDOME & ANNE STEELE

Os dois principais compositores de hinos batistas calvinistas do século XVIII foram, sem dúvida alguma, Benjamin Beddome (1717-1795), que foi pastor da causa batista a partir de 1740, em Bourton-on-the-Water, em Gloucestershire;[1] e Anne Steele (1717-1778), filha do pastor batista, fazendeiro e madeireiro de Hampshire, William Steele (1689-1769). Seus hinos foram um instrumento de revitalização para a comunidade batista calvinista inglesa do final século XVIII. Beddome chegou a Bourton-on-the-Water na primavera de 1740. Nos três anos seguintes, trabalhou com grande sucesso na igreja de Bourton. Um avivamento local, que aconteceu no tempo em que ele era o pregador, nos primeiros meses de 1741, foi um fato muito significativo para a formação de seu ministério futuro. Cerca de quarenta pessoas se converteram naquela ocasião. Na época da morte de Beddome, em 1795, seu único texto publicado era um catecismo, que ele havia esboçado no início de 1750. No entanto, nos anos seguintes, após a sua morte, um número considerável de sermões foi publicado, bem como um volume com 830 hinos. Aproximadamente uma centena desses hinos continuaram aparecendo nos hinários até o final do século XIX.

Embora Anne Steele houvesse lutado com problemas de saúde durante a maior parte de sua vida e nunca tenha viajado para lugares muito distantes de sua casa, em Hampshire, seus hinos foram grandemente valorizados até o início do século XX. Na opinião de seu biógrafo, J. R. Broome, nenhum escritor de hinos "sobrepujou Anne Steele em sua maneira sensível, notável e terna de expressar os sentimentos do coração de um cristão que foi provado, treinado e tentado."[2] Podemos perceber um pouco do respeito que se tinha por Anne e seus hinos pelo fato de que, quando ela estava para morrer, dois dos principais líderes batistas calvinistas da época: Caleb Evans (1727-1791), de Bristol, e Samuel Stennett (1728-1795), de Londres, foram visitá-la.[3]

Alguns anos atrás, Broome descobriu uma carta em meio aos papéis de Steele, nos arquivos da Biblioteca Angus, na Faculdade Regent's Park, em Oxford, que revelava uma ligação entre esses dois grandes hinistas. Na verdade, parece que Beddome lhe fez uma proposta de casamento em 23 de dezembro de 1742, a qual foi rejeitada por Anne. O território do amor tem os seus altos e baixos, e rejeitar ofertas de amor não são aspectos incomuns na topografia desse mapa.[4] Não há registros da resposta de Anne, mas parece que a eloqüência de Beddome falhou em persuadi-la. Ficou evidente que Beddome recuperou-se o suficiente de seu desapontamento para casar-se com Elizabeth Bothwell, numa data posterior.

Também há uma troca de correspondências entre Anne e sua meia-irmã Mary, as quais foram escritas em 1757, quando Anne estava com quarenta anos, e que demonstram que Anne teve, pelo menos, mais de uma proposta de casamento. Quando Anne escreveu para sua irmã dizendo que havia recusado mais uma proposta de casamento, Mary deu-lhe uma boa reprimenda. Anne respondeu friamente, dizendo que estava feliz como estava, pois o casamento, em sua opinião, trazia muitos espinhos. Na verdade, ela disse que sempre era inverno quando ela olhava para aquilo que costumava chamar de "as campinas do casamento". Mary respondeu: "Todas as demais pessoas suportam os espinhos, por que tu não podes suportar"? Além disso, ela acrescentou, com razão, que a maioria das pessoas descobrem que as flores crescem em meio aos espinhos.

Numa perspectiva mais otimista, podemos ver a maneira como o hinista Beddome fez uso da poesia para expressar seus sentimentos — nesse caso, da poesia de John Milton (1608-1674) — esse é um excelente lembrete do papel que a poesia desempenha naturalmente na comunicação do amor.

De Benjamin Beddome à Anne Steele [5]

Prezada Senhorita,

Perdoe-me pelo atrevimento que me induz a lançar essas poucas linhas aos teus pés. Se o fato de pensar constantemente em tua pessoa e o dissabor em relação a todas as demais coisas puderem ser considerados como evidências de amor, então, é certo que estou experimentando a paixão. Se a grandeza do amor de uma pessoa puder compensar a falta de habilidades, riquezas ou beleza, então, humildemente rogo o teu favor. Desde que tive a felicidade de ver-te pela primeira vez, tenho pensado muito na bela descrição que Milton faz de Eva, no livro 8:

> *... pareceu-me tão bela e tão amável,*
> *Que tudo quanto dantes no Universo*
> *Julgara belo agora o cri mediano, —*
> *Ou que do Mundo as formosuras todas*
> *Em corpo tão gentil se resumiam,*
> *Principalmente nos benignos olhos*
> *Que desde então mimosos infundiram*
> *Dentro em meu coração tanta doçura,*
> *Qual nunca exp'rimentado havia dantes...*[6]

Senhorita, dê-me tua licença para dizer-te que essas palavras expressam a verdadeira experiência de minha alma e que penso não ser possível deixar de te amar. A senhorita permitiria que eu me achegasse e expusesse diante de ti aquelas declarações de uma mente confusa, as quais não podem ser representadas por meio de uma mão trêmula e uma pena de escrita? Permita-me que eu me lance aos teus pés e diga o quanto te amo, e o quanto tu poderias aliviar um espírito oprimido. Ao mesmo tempo, dê-me uma oportunidade de declarar-te, sem rodeios, que sou, com sinceridade,

Um servo devotado a ti,
— *Benjamin Beddome*

NOTAS

1 Para saber mais sobre Beddome, veja o extenso obituário escrito por John Rippon: "Rev. Benjamin Beddome, A.M. Bourton-on-the-Water, Gloucestershire". Baptist Annual Register, 2 (1794-1797), p. 314-326. Esse relatório foi amplamente reproduzido por Ivimey, Joseph in A History of the English Baptists. London: Isaac Taylor Hinton/ Holdsworth & Ball, 1830. v. 4. p. 461-469. Para um estudo biográfico mais significativo, feito no século XIX, veja também Brooks, Thomas. Pictures of the Past: The History of the Baptist Church, Bourton-on-the-Water. London: Judd & Glass, 1861. p. 21-66. Pouca coisa foi escrita sobre Beddome durante o século passado, mas veja Holmes, Derrick. "The Early Years (1655-1740) of Bourton-on-the-Water Dissenters who later constituted the Baptist Church, with special reference to the Ministry of the Reverend Benjamin Beddome A.M. 1740-1795" (dissertação de conclusão de curso, não publicada, na área de educação, da faculdade de St. Paul, em Cheltenham, 1969).
2 Broome, J. R. A Bruised Reed: Anne Steele: Her Life and Times. Harpenden, Hertfordshire: Gospel Standard Trust Publications, 2007. p. 175. Esta obra é a palavra final sobre a vida de Steele.
3 Ibid., 216.
4 Para conhecer uma discussão sobre esta carta veja ibid. p. 110-113.
5 Steele Papers STE 3/13 (Angus Library, Regent's Park College, University of Oxford). Usado com permissão.
6 Milton, John. Paradise Lost. John Leonard (Ed.). London: Penguin, 2000, p. 179 (Paradise Lost, 8.p. 471-475). Para este trecho foi utilizada a tradução de António José de Lima Leitão disponível em www.ebooksbrasil.org/eLibris/paraisoperdido.html

Capítulo Seis

HENRY & ELING VENN

Henry Venn (1724-1797) recebeu seu ensino universitário na Universidade de Cambridge, onde obteve tanto o grau de bacharelado quanto o de mestrado e também se tornou um dos mais importantes jogadores de críquete da universidade. No entanto, após ser ordenado, em junho de 1747, parou de jogar porque não queria ouvir o grito dos espectadores dizendo: "Boa jogada, Pastor"![1] Durante os seis anos seguintes, buscou ser um pastor escrupuloso e diligente. Entretanto, entre 1752-1753, veio a perceber que para que seu ministério estivesse de acordo com as Escrituras, teria de confiar não na perfeição de sua obediência mas sim "nos méritos todo-suficientes e nas misericórdias infinitas de um Redentor", chamado Senhor Jesus.²

Em 1754, Venn tornou-se pastor auxiliar em Clapham, no condado de Surrey, onde aprendeu a pregar de improviso e tornou-se amigo íntimo de um bom número de evangélicos proeminentes, incluindo George Whitefield (1714-1770) e Selina Hastings, a condessa de Huntingdon (1707-1791). O seu casamento aconteceu em maio de 1757, quando casou-se com Eling Bishop, cujas convicções religiosas e doçura de temperamento fizeram dela a companheira e esposa ideal para Venn.³

A mudança para Hudersfield em 1759 implicou numa grande perda financeira para Venn e num ganho espiritual muito grande para muitos em sua igreja. "Nunca vi um povo tão incivilizado como esse na Inglaterra", foi o comentário que John Wesley fez a respeito das pessoas daquela igreja antes de Venn tornar-se o pastor deles.⁴ Mas pouco tempo depois, a igreja estava lotada de pessoas que ouviam seus sermões com apreciação. Num período de três anos, período este em que Venn era o pregador, houve aproximadamente novecentas conversões.⁵

No final, as exigências do ministério nessa igreja provaram ser devastadoras para a saúde de Venn, e ele precisou mudar-se para uma pequena igreja em Yelling, em 1771, a dezenove quilômetros de Cambridge. Entretanto, sua esposa não participou dessa mudança, pois havia falecido em 1767. Ele casou-se, pela segunda vez, com uma viúva chamada Catherine Smith, no ano em que se mudou para Yelling.

Em um ensaio escrito sobre a espiritualidade de Venn, Bill Reimer observou que suas cartas "revelavam uma espiritualidade profunda e um amor imutável por Deus".[6] A carta abaixo, escrita para a primeira esposa de Venn, Eling, quando ele estava fora de casa, numa viagem como pregador, não é a exceção da regra.

O verdadeiro amor cristão, como o amor que Henry Venn tinha por sua esposa, sempre busca direcionar as afeições da pessoa amada primeiramente a Deus. Longe de diminuir a afeição entre as pessoas que se amam, essa centralização em Deus acaba por aprofundar esse amor. Esse é o paradoxo do amor entre os sexos, quando colocado corretamente em submissão ao amor de Deus.

Para Eling Venn [7]

Nottingham, 05 de abril de 1759

Minha amada E., Deus, de forma ainda mais graciosa, trouxe-me com vigor renovado para esta cidade, que está a mais de quinze léguas do destino final de minha jornada; o qual levarei dois dias e meio para cobrir. Ainda estou sendo grandemente favorecido com a presença de nosso adorável Deus da Aliança. Isso tem alegrado o meu caminho e feito o tempo passar de forma agradável, embora eu esteja sem companhia. Oh! Como deveríamos orar mais por aqueles que vivem sem Deus no mundo! Como a condição deles é desoladora em algumas circunstâncias! Como deve ser enfadonho para eles ter de viajar cerca de 120 ou 140 léguas, como farei. Isso deve ser um fardo para eles; pois miseráveis como são, se voltarem os seus olhos para dentro de si, não encontrarão sua própria alegria, e não haverá um Deus Invisível com quem poderão manter uma doce comunicação ao longo do caminho!

Imediatamente após a minha chegada aqui, recebi tua carta com boas notícias, a qual foi duplamente bem-vinda, visto que eu não poderia me sentir de outra forma, senão receoso de que tua inquietação por minha causa não diminuísse. Como Deus tem sido grandioso em demonstrar as mais ternas expressões de seu favor para conosco! Como Ele nos cerca de misericórdias por todos os lados!

Acredite em mim quando digo que tenho muita satisfação ao saber que tu me amas com esse jeito tão carinhoso. Mas precisas tomar cuidado para que eu não venha a tomar o lugar de Deus; digo isso porque a expressão que usaste ("não sabes o que significa para mim estar afastada de ti, não passando uma hora sequer sem esse sentimento de perda, etc") pode implicar em algo assim. Minha amada E., precisamos nos lembrar sempre da palavra que Deus proferiu do céu: "o tempo se abrevia; o que resta é que também os que têm mulheres sejam como se as não tivessem... e os que folgam, como se não folgassem".[8] Sempre orarei, por ti e por mim, para que Deus seja muito mais precioso para nós do que o somos um para o outro, de modo que estejamos no amor dEle, a fim de que possamos nos deleitar com finos manjares[9] e sentir que Ele é o nosso todo-suficiente Deus. Dessa forma, será mais provável que continuemos juntos e não ocasionemos o golpe da separação, devido a um amor idólatra de um pelo outro. Assim, amaremos um ao outro em Deus e para a honra de Deus; e estaremos munidos com toda a armadura de Deus para tudo o que vier a acontecer.

Escreve-me a próxima carta, a qual enviarás para Huddersfield, dando-me tuas impressões sobre como está a tua alma imortal. Certamente Deus tem nos dado de seu amor de forma abundante; muito mais do que tem dado a outros! Que possamos animar um ao outro a retribuir-Lhe com um amor sincero e ardente, por todos os seus benefícios.

Posso perceber o terrível orgulho de meu coração, enganoso mais do que todas as coisas, pelo sentimento desagradável que a mesquinhez das cidades pelas quais tenho passado tem produzido em mim quando suponho que talvez tenha de mudar-me para uma delas. Como as concupiscências terrenas possuem raízes profundas em meu coração! E como é fácil levar o nome de alguém que venceu o mundo, e gabar-nos de termos feito isso por meio da fé, quando, na verdade, o que ainda prevalece é o nosso amor às moradias cômodas e à posse de coisas bonitas ao nosso redor.

O jantar acabou de ser servido na mesa. Também tenho que alimentar o meu cavalo. E por essa razão, preciso concluir sem ocupar o outro lado da página, orando para que o Deus Eterno seja o teu refúgio; para que a redenção que há em Jesus seja a tua porção e para que o Espírito Santo seja o teu consolador. Que a graça de Deus esteja contigo e com todos de nossa casa!

— H. Venn

NOTAS

1 Cowie, Leonard W. "Venn, Henry" in Oxford Dictionary of National Biography. H. C. G. Matthew and Brian Harrison (Eds.). Oxford: Oxford University Press, 2004. p. 56:253.
2 Venn, John. "Memoir [of Henry Venn]" in The Letters of Henry Venn. Henry Venn, Jr. (Ed.), 1836, reimpresso por Edinburgh/Carlisle, Pa.: Banner of Truth Trust, 1993, p. 21.
3 Ibid., 25-26.
4 Cowie, Leonard W. "Venn, Henry" in Oxford Dictionary of National Biography. H. C. G. Matthew and Brian Harrison (Eds.). Oxford: Oxford University Press, 2004. p. 56:254.
5 Ervine, W. J. Clyde. "Venn, Henry" in The Blackwell Dictionary of Evangelical Biography 1730-1860. Donald M. Lewis (Ed.). Oxford/Cambridge, Mass.: Blackwell, 1995. v. 2. p. 1137.
6 Reimer, Bill. "The Spirituality of Henry Venn" in Churchman, 114 (2000) disponível em <www.churchsociety.org/churchman/documents/Cman_114_4_Reimer.pdf>;

acessado em 16 de set. de 2008.
7. Venn, Henry. The Letters of Henry Venn. Henry Venn, Jr. (Ed.), 1836, reimpresso por Edinburgh/Carlisle, Pa.: Banner of Truth Trust, 1993. p. 72-74.
8. Veja 1 Coríntios 7:29-30.
9. Cf. Isaías 55:2.

Capítulo Sete

THOMAS & SALLY CHARLES

O metodista calvinista galês, Thomas Charles (1755-1814), recebeu sua educação formal em Llanddowror, bem como numa academia dos dissidentes, em Carmarthen.[1] Durante o tempo em que esteve na academia, visitou Llangeitho, onde se converteu por meio da pregação do notável Daniel Rowland (1713-1790). Estudou no Jesus College, em Oxford, de 1775 a 1778, e durante esse tempo, conheceu um grande número de evangélicos, incluindo John Newton (1725-1807) e William Romaine (1714-1795). Após sua graduação no Jesus College, tornou-se pastor auxiliar em Somerset e foi ordenado pastor na Igreja da Inglaterra, em 1780.

Dois anos antes, havia conhecido Sally Jones (1753-1814), filha de um comerciante da cidade de Bala, ao norte de Gales, por quem se apaixonou. Embora ela, a princípio, não tivesse correspondido aos seus afetos, conforme uma das cartas abaixo revela, ele persistiu em pedir sua mão em casamento, até que finalmente se casaram em 20 de agosto de 1783.

Devido ao fato de ter abraçado os ensinos do movimento metodista calvinista, Charles foi exonerado da congregação da Igreja da Inglaterra, próxima a Bala, em 1784. Ele continuou a fazer de Bala o centro do metodismo calvinista, e quando os metodista calvinistas se separaram em massa da Igreja da Inglaterra, em 1811, Charles foi o seu líder. Também desempenhou um papel importantíssimo no desenvolvimento do movimento de escola dominical, em Gales, e na fundação da Sociedade Bíblica Britânica e Estrangeira.[2]

As cartas de amor entre Thomas e Sally, escritas ao longo de sua vida, oferecem uma fantástica ilustração de como o casamento cristão deve ser. A honestidade sincera que Sally demonstrou para com seu futuro esposo, no início de seu relacionamento, é essencial para qualquer casamento cristão duradouro. De qualquer modo, honestidade e transparência são elementos essenciais não apenas para iniciar um relacionamento, mas também para sua continuidade e crescimento.

Essas cartas também revelam o quanto o amor está arraigado na amizade. Os cônjuges devem ser os melhores amigos um do outro.

De Thomas Charles para Sally Jones [3]
Queen Camel, 28 de dezembro de 1779

Minha estimadíssima amiga,

Suponho que uma carta inesperada como esta, vinda de uma pessoa que nunca a tenha visto, exceto uma vez, e isso já há muito tempo, a princípio possa te causar grande espanto. No entanto, posso gabar-me pelo fato de que uma carta como esta requeira mais recomendações, embora eu te assegure que apesar do longo intervalo desde que tive o prazer de ver-te pela primeira vez, tu não tens estado ausente de meus pensamentos nem um dia sequer, desde aquele dia até agora.

As primeiras informações que tive sobre o teu caráter, as quais ouvi em Carmarthen, por alguns de teus amigos cristãos, seis anos atrás, deixaram tão boas impressões em minha mente que certamente o tempo não poderá obliterar. Imediatamente tive um desejo intenso, e uma esperança secreta, de que a boa e sábia providência de meu Pai Celestial pudesse organizar os acontecimentos posteriores de maneira que, no devido tempo, eu pudesse ver aquela pessoa preciosa de quem eu havia formado uma opinião tão favorável.

Quando o senhor Lloyd[4] convidou-me para passar uma parte do verão com ele, em Bala, a alegria e o prazer secretos que a probabilidade de ver-te produziu em mim foram fascinantes. Não fiquei nem um pouco desapontado. O fato de poder ver o bom senso, a beleza e a modéstia sincera, juntamente com a piedade genuína que adornam tua pessoa de forma notável, acrescentou mais combustível à chama que já estava acesa, a qual continua cada vez mais intensa desde aquela época até agora. Eu teria te explicado anteriormente o conteúdo desta carta, não fossem as dificuldades (até então insuperáveis) procedentes de algumas circunstâncias, as quais apareceram no caminho e sobre as quais eu espero, num futuro próximo, deixar-te a par.

Desde que voltei para Inglaterra, tenho esperado ansiosamente (não sem motivo, conforme garantiram meus amigos) que alguma situação favorável me abra uma porta para retornar a Gales (lugar que sempre amei!), mas estou desapontado até o momento. Pensando que uma posposição mais demorada fosse apenas servir para me distrair a mente e, em certa medida, incapacitar-me para o desempenho adequado do importante ofício no qual estou envolvido, devido às constantes inquietações; tomei a decisão, a qual coloco em prática agora, de escrever-te e solicitar o favor de *poder me corresponder contigo até o tempo em que aquela boa Providência permita que tenhamos um encontro, o que, de minha parte, desejo ansiosamente....*

Fica segura de que nada, senão uma consideração verdadeira e uma afeição sincera por tua pessoa, poderia me induzir a escrever ou falar contigo sobre esse assunto. Tu és a única pessoa que vi (e a primeira com quem falo acerca desse assunto) com quem pensaria em gastar minha vida numa união de felicidade e por quem tenho uma afeição especial e o apreço necessário para a felicidade conjugal. Tu és a única bênção temporal pela qual tenho importunado o Senhor há algum tempo.

Espero que tua decisão possa alegremente me convencer de que a resposta do Senhor é favorável. Se estivesse junto de ti quando tu examinares este assunto, quão ansioso ficaria para saber a tua decisão. Seria impossível dizer o quanto me consideraria feliz se pudesse estar presente para confirmar, para tua completa satisfação, aquilo que afirmei nesta carta! Mas como isso é impossível no momento, espero entregar esse assunto, bem como todos os outros acontecimentos, Àquele que governa todo o universo com soberania. A quem organiza todas as coisas da melhor maneira possível, para promover a sua própria glória e o eterno bem-estar de seu povo, e que sem dúvida organizará também este acontecimento para a nossa felicidade mútua. Ele, cuja misericórdia e proteção eu não cesso de pedir, por meio de minhas orações e intercessões constantes em teu favor, as quais nunca são mais intensas e sinceras do que quando tens real interesse nelas.

Aguardarei, com ansiedade, uma carta tua. Espero que ela seja favorável. Sinta-te à vontade para comunicar as tuas idéias, sem reservas, pois podes ter a firme confiança de que, da minha parte, manterei sigilo, se preciso for, sobre qualquer coisa que tu te agrades em comunicar... [Até logo], minha amada amiga. Ora por mim e acredita que, com minha mais sincera e imutável afeição,

sou o teu amigo mais sincero e teu mais humilde servo,
— Thomas Charles

De Sally Jones para Thomas Charles [5]

Bala, 17 de janeiro de 1780

Sr. Reverendo,

Tua carta realmente me pareceu um bocado estranha. Não sinto poder dar-lhe crédito total e nem descartá-la precipitadamente. Que Aquele que conhece teus motivos para escrevê-la dê-me simplicidade para respondê-la, sejam quais forem as conseqüências.

Eu valorizo e aprecio muitíssimo a liberdade e os privilégios de meu atual estado. Freqüentemente desejo não ter a tentação de perdê-los; mas não posso dizer que tenho como determinar ou conhecer a vontade de Deus a esse respeito. Confio que, no devido tempo, a providência de Deus esclarecerá essa questão. Tenho várias razões para não escolher me comprometer num tipo de correspondência dessa natureza. Entretanto, se chegarmos a trocar algumas cartas, gostaria que cada um de nós tivesse a liberdade para suspender a correspondência conforme lhe aprouver.

Após receber esta carta, tu provavelmente não desejarás me escrever novamente. E não ficarei desapontada se isso acontecer. Renunciarei aos meus direitos com relação a todas as declarações feitas em tua carta, com exceção de uma: do fato de me fazeres lembrada diante do trono da misericórdia. Essa é uma idéia agradável que vou lembrar com prazer; e embora não espere encontrar-me contigo neste mar de aborrecimentos, contudo, encontrar-te-ei lá, onde tenho a esperança de que minha gratidão será perfeita; para expressá-la para a glória dAquele que ouve as orações de seu povo em favor uns dos outros e os abençoa nas regiões mais remotas do planeta.

Com tua permissão, mostrei tua carta ao meu pai.[6] *Meu pai e minha mãe mandam-te lembranças. Creio que meu pobre pai é um verdadeiro israelita em quem não há dolo.*[7] *Ele, a pessoa que mais amo entre os mortais, julga todas as coisas com sinceridade. Concordo com ele em meus melhores votos de prosperidade para o trabalho importante e glorioso no qual tu estás empenhado.*

De alguém que lhe deseja o bem,
— Sally Jones

Por favor, lê esta carta com certa candura, pois a escrevi com alguma pressa.

De Thomas Charles para Sally Jones [8]

Queen Camel, 1 de março de 1780

Minha estimada amiga,

Embora esteja com dor de cabeça e com a mão trêmula (estive meio indisposto na semana passada), ainda assim tenho o maior prazer em sentar-me para escrever-te algumas poucas linhas em resposta ao teu último favor, não com a intenção de forçar-te a escrever de volta, se isso fosse possível (seja qual for o teu grau de "relutância em relação a esse assunto"[9]*). Afinal, é um grande alívio mental escrever para ti, no entanto, inicio esta carta com prazer redobrado, ao mesmo tempo em que alimento a terna esperança de que isso te induza a escrever para mim. "Como água fria para uma alma cansada, assim* *são as boas-novas de terra remota".*[10] *Então, como podes ver, não tenho a menor intenção, nem posso conceber a idéia de desistir de nossa correspondência".*[11]

É impossível não pensar em ti, e tu sabes que quando passamos muito tempo pensando em um assunto, é um alívio para a mente poder comunicar aquilo que estávamos pensando. Além do mais, não há outra alternativa senão supor que se estou sendo, pelo menos em algum nível, um pouco sincero em relação às coisas que disse, assim, ficarei muito feliz em ter notícias tuas, nem que seja para me informar que estás bem e que os céus têm te favorecido. Se não quiseres que os nossos amigos de Bala saibam de nossas correspondências e façam comentários sobre elas (inferi que seja esse o caso por meio de uma expressão em tua carta), embora eu não considere que todo o universo já esteja sabendo disso, mesmo assim, para satisfazer-te, eu poderia dirigir as minhas cartas ao Sr. Foulks,[12] *e tu poderias enviar as tuas cartas para mim em nome dele. Eu concordaria com qualquer coisa, exceto com o fato de desistir de nossa correspondência. Isso é algo em que realmente não consigo pensar. E espero que da próxima vez que me escreveres (e espero que seja em breve), consideres essas coisas por um ponto de vista diferente do que o fizeste em tua última carta.*

A tua observação de que "nossa felicidade não consiste das coisas transitórias"[13] *é legítima. Não, não pode haver felicidade alguma senão quando desfrutamos da inesgotável e extravazante fonte de toda bondade e perfeição. Visto que perdemos nossa felicidade quando nos separamos de Deus, a única maneira de tê-la de volta é voltando-nos novamente para Ele, pois Deus prometeu nos encontrar em Cristo (nEle e em nenhum outro lugar) para estar reconciliado conosco para sempre. Não obstante criaturas, não "sujeitas à vaidade",[14] mas criaturas de Deus que podem fazer e fazem, contribuir muito para a felicidade uns dos outros quando estamos debaixo de Sua bênção (preceitos). Deus difunde a si mesmo por meio de suas criaturas, e quando nos deleitamos em Deus por meio de suas criaturas, elas cumprem o propósito para o qual foram criadas; de forma que o amor de Deus e o amor de suas criaturas não somente são coerentes, como também estão inseparavelmente ligados.*

É por essa razão que as Escrituras dão muita ênfase no fato de que amar a Cristo, amando aos seus verdadeiros discípulos, nossos irmãos cristãos, é um sinal evidente e infalível de nosso amor pelos filhos de Deus. Deus tem honrado de maneira mais elevada e maravilhosa, e colocado um valor muito mais infinito sobre o crente verdadeiro (embora ele seja desprezível aos olhos do mundo e menosprezado por ele) do que sobre qualquer outra criatura ou até mesmo sobre todas as suas criaturas juntas. E as perfeições de Deus são manifestas de modo mais distinto no crente do que em todas as demais obras de Deus. Como é possível, então, que alguém que ame a Deus odeie aquele que é indizivelmente precioso para Ele, alguém em quem se pode ver muito da pessoa de Deus? Isso não pode acontecer. Assim como Deus amou os seus filhos, que estão no pó e na cinza, com um amor muito superior ao que Ele concede a todas as suas demais criaturas (um amor tão tremendo e maravilhoso ao ponto de surpreender a nossa fé, devido a sua grandeza!), um crente deve, da mesma maneira, amar os outros crentes. Um cristão ama ao outro na semelhança do Todo-poderoso.

Conseqüentemente, como podes observar, um relacionamento de amizade cristã é, com certeza, "o melhor vínculo que podemos desejar iniciar", embora "não seja o único tipo de vínculo que eu deseje experimentar";[15] entretanto, a amizade não é contrária a esse tipo de vínculo, de modo algum, mas antes é o fundamento do mesmo. Pois eu te asseguro que se todas as perfeições do sexo feminino estivessem presentes em ti, e se as riquezas da Índia estivessem em sua possessão, e eu não tivesse motivos para acreditar que tu fosses uma filha adotiva de nosso Pai Celestial e que pertencias à família de Deus, pela graça de Deus, eu espero que nunca desejaria ter qualquer tipo de união contigo. No entanto, como sei que o teu caso é exatamente o contrário, minha intensa oração a Deus e o meu desejo mais sincero é que isso aconteça. E sei que acontecerá se for para a glória dEle e para nosso mútuo benefício e felicidade.

Compadeci-me de ti profundamente quando me informaste que "os pensamentos a respeito da morte têm te inquietado".[16] *O mesmo aconteceu comigo durante muitos anos infelizes. Mas, pela bondade abundante de meu Pai Celestial, de forma geral, isso não tem me acontecido no presente. Aquele texto de 1 Coríntios 15.25 e 26 abençoou-me de um modo muito marcante, pois removeu todos os pensamentos inquietantes e ansiosos a respeito da morte, os quais me privavam de ter um conforto duradouro. Nesse versículo, a morte não é considerada tão inimiga nossa como o é de Cristo, e convém que Ele reine até que haja posto todos os inimigos debaixo dos seus pés. E embora a morte seja o último inimigo, também será destruída.*

Percebi que não havia nada a fazer senão desfrutar a vitória, a qual Cristo está empenhado em conquistar. A vitória é ganha pelo braço da onipotência e, em breve, nós colheremos os louros como um símbolo dessa vitória. Mas até que chegue aquele dia feliz, que o motivo de nossa constante inquietação e consideração seja viver no temor de Deus, para a glória dAquele que nos amou e subjugou os nossos poderosos inimigos por nós.

Ah, como é agradável, como é confortador ver Cristo no campo de batalhas, carregando o crente debilitado em seus ombros, passando por todas as legiões de inimigos infernais, em direção às benditas mansões na casa de seu Pai! Nenhum dos crentes se perderá. O Pai de Jesus, e nosso Pai, é o maioral sobre todos e ninguém poderá arrebatar uma ovelha sequer de suas mãos.[17] *Ah, que Salvador! Ah, que grande salvação*

Deus proveu para nós! E não O louvaremos por isso? Sim, espero que tu e eu possamos unir o nosso canto durante toda a eternidade infinita e exaltar a Deus e ao Cordeiro! Isso é o que podemos fazer em retribuição à sua maravilhosa e terna bondade.

Eu te agradeço com sinceridade por me fazeres lembrado diante do trono da graça. Tu nunca poderias conceder-me uma bondade maior, embora tenha o poder de tornar-me seu devedor, mais do que a qualquer outra pessoa na terra. Deus prometeu ouvir as nossas orações; sua promessa ilimitada é: "Pedi e dar-se-vos-á".[18]

Apesar da dor de cabeça e da mão trêmula, tu perceberás que fui capaz de escrever-te uma carta bem longa. Não pedirei desculpas pelo tamanho da carta, mas desejo que imites o meu exemplo. Logo estarei me mudando do lugar onde estou morando,[19] *mas sejam quais forem as mudanças que eu venha a experimentar, meu coração sempre permanecerá o mesmo em relação a ti. Com respeito a esse assunto, minha mais amada entre as mortais, mudança alguma poderá me afetar, mas sempre serei capaz de assinar uma carta, com a maior sinceridade!*

Teu amigo mais apaixonado e humilde servo,
— Thomas Charles

De Sally Jones para Thomas Charles [20]

Bala, 27 de abril de 1780

Sr. Reverendo,

Afastei-me das minhas ocupações para tentar responder à tua carta. Oh, quem dera se ao nos afastarmos do mundo pudéssemos nos afastar de nosso coração vil. Assim, eu poderia ter alguns sentimentos de gratidão que poderiam se unir aos teus, em louvor dAquele a quem minha alma deseja amar. Mas receio oferecer fogo estranho a Ele. É melhor falar sobre mornidão, indiferença e alienação. Esses sim são traços inteiramente meus. Não me glorio neles, mas estou desejosa de perdê-los por meio daquele amor que Paulo não podia esquadrinhar.[21] Oh, que a influência incentivadora e calorosa do Sol da Justiça possa dissolver a dureza de meu coração![22] Creio que não há nenhuma outra coisa que possa fazer isso. A visão do amor redentor, Jesus morrendo na cruz, é o que há de mais poderoso para nos vivificar. Se isso falhar, adeus vida e felicidade em outra coisa qualquer! Oh, que eu jamais permita que minhas reclamações infrutíferas venham a desonrá-Lo! Eu devo jogar a culpa onde ela realmente deve estar. A retidão está em Jesus, nEle habita toda a plenitude — não desejo outro Salvador.

Estou feliz que já tenhas se mudado para um lugar que

te satisfaça.²³ É um grande privilégio estar entre aqueles que temem ao Senhor. "Como o ferro com o ferro se aguça, assim o homem afia o rosto do seu amigo"²⁴ É bom que o sucesso de teu trabalho não dependa da fragilidade de tuas habilidades naturais, mas sim do poder e da fidelidade de Deus, que não tem iludido o seu povo (pois fostes comissionado por Ele para pregar o evangelho a todas as criaturas) com a promessa de que estaria com eles,²⁵ sem lhes dar algum fruto de seu trabalho, ou melhor, o fruto de seus sofrimentos. Que tu possas te afastar de teus irmãos carnais cada vez mais. O poder mortífero dos favores deles é maior do que o de sua reprovação. Visto que tem sido meu quinhão conversar contigo sobre essas coisas, não há nada que eu possa fazer senão desejar tua prosperidade...

Espero que não consideres uma questão de honra manter a nossa correspondência simplesmente por havê-la começado, mas se for do teu agrado suspendê-las a qualquer momento, fica livre para fazê-lo. Se não estou enganada, essa seria a melhor prova que eu poderia ter de que isso não vem de Deus. A liberdade que tenho para escrever-te não procede de uma paixão opressora. Aconteça o que acontecer, creio que minha estima voltará ao normal por meio da obra da Providência.

Meu pai e minha mãe mandam-te lembranças. Meu pai está incomodado com uma dor de cabeça hoje. Não estamos receosos de que ele corra perigo, pois costuma passar por isso às vezes. Ele deu-me umas ordens engraçadas em relação a ti, mas minha folha de papel é pequena e meus dedos estão quase congelados. Não vale a pena incluí-las nesta carta.

Então, até logo.
— Sally Jones

De Thomas Charles para Sally Jones [26]

Milborne Port, 18 de novembro de 1780

À mais amada de todos os meus amores,

Estar convencido de que tu tens um lugar para mim em tuas afeições e apreço causa-me maior satisfação do que qualquer outra coisa de natureza terrena poderia me causar. Tenho essa certeza, e sempre terei, não por supor, em vão, que eu mereça, em alguma medida, um lugar em teu coração, mas porque te amo com sinceridade, minha mais amada, e desejo ter esse lugar ali. Estou mais satisfeito ainda porque essa consideração não procede de uma paixão cega, mas sim de uma firme convicção. As paixões são inconstantes. Com a mesma ligeireza com que começam, terminam, e não podemos depender delas. No entanto, aquilo que procede de convicção provavelmente seja mais duradouro. As paixões são guias cegos e perigosos, mas quando fielmente resultam das convicções, mantém-se em seu lugar apropriado e não se tornam inoportunas...

Minha fonte segura de conforto é que teu coração está à disposição dAquele que não pode fazer nada que seja errado em si mesmo, nem tampouco prejudicial aos verdadeiros interesses de qualquer um de seus filhos. Pela graça, posso entregar todos os meus cuidados e inquietações nas mãos dEle.

E, com a máxima firmeza e verdade, posso declarar o mesmo que ti. Qualquer que seja a influência que a paixão possa ter agora sobre minha mente, estou certo de que minha consideração por ti primeiramente se originou da convicção, e não da paixão. E nem por um momento sequer, tenho a menor suspeita de que esteja colocando minhas afeições no lugar errado, mas a convicção de que elas estão sendo postas na pessoa certa mantém minha mente firme, sem sombra de mudança. O fato de ver e pensar em outra pessoa qualquer, de quem eu já tenha ouvido falar, somente faz com que eu te ame mais. Nada pode acontecer que tenha a menor tendência de provocar uma mudança na inclinação de minha mente a esse respeito, mas eu te amo de verdade, meu doce amor, além do que posso expressar.

Ao mesmo tempo em que expresso o que tenho pensado em relação a ti atualmente, não quero me esquecer de falar sobre algo que, por meio das bênçaos de Deus, pode firmar tua fé e fazer com que aumente o teu amor por Aquele com quem temos uma dívida infinita, a qual desafia e excede qualquer possibilidade de retribuição. O que poderíamos oferecer para retribuir o presente do Pai (e que presente!), Cristo? O simples fato de pensar nessa questão confunde e oprime nossa mente! Que retribuição poderíamos dar ao Filho de Deus "por sua agonia e por suar gotas de sangue, pela cruz e pela paixão de Cristo"?[27] *Pobres criaturas! Não podemos fazer nada senão levantar-nos, admirar-nos e maravilhar-nos, com eterno espanto, pela altura e profundidade de seu amor, e confessar que ninguém, senão Deus, poderia demonstrar tamanho amor...*

Saber que tu me fazes lembrado diante do trono da graça é um conforto para a minha alma. Continua a orar por mim. Não consigo esquecer-te, embora consiga lembrar-me de mim mesmo. "Que o Deus da esperança vos encha de todo o gozo e paz em crença".[28]

Até breve, meu doce amor. Sou seu,
— Thomas Charles

De Thomas Charles para Sally Jones [29]

Milborne Port, 25 de novembro de 1780

Meu doce amor,
...Poucos dias atrás recebi uma carta do Sr. [John] Newton, um dos mais eminentes e piedosos ministros do

evangelho na Inglaterra hoje em dia, com quem passei três meses, no verão, quando estava na universidade. Há nesta carta a seguinte passagem curiosa, a qual desejo aqui reproduzir, antes que eu me esqueça de mostrá-la a ti num futuro próximo. Ele está casado há muitos anos, mas a linguagem que ele utiliza não é diferente daquela utilizada pela maioria das pessoas casadas?

Compreendo que pretendes casar-te. Creio que o Senhor tem te mostrado a pessoa certa. Que Deus faça com que vós sejais felizes juntos e abençoe essa união. Essa é uma grande obrigação, mas quando guiada pela fé, pela oração e pela prudência, é uma obrigação feliz. Um dia que possui uma influência poderosa sobre todos os dias futuros e todas as circunstâncias da vida, deve ser considerado verdadeiramente importante. Tal é o dia do casamento de alguém. No entanto, fico feliz em ouvir que tu estás ingressando no rol dos maridos.

Sempre me alegro em ouvir que um ministro do evangelho está bem casado. Existe algo na vida doméstica que parece muito apropriado para melhorar a nossa aptidão para falar ao nosso povo. Quando a alma que está em crescimento é duplicada através do matrimônio e multiplicada por meio dos filhos, adquire milhares de sensibilidades e sentimentos novos, que o solteiro solitário é incapaz de ter, os quais nos ensinam e nos dispõem a ter os mesmos sentimentos dos outros, dando-nos interesse tanto por suas alegrias quanto por suas tristezas. Esse temperamento compreensivo é um talento muito apropriado para um pastor. Isso lhe dará um lugar de maior profundidade no coração das pessoas de sua igreja, muito mais do que os feitos notáveis o levariam a ter.[30]

Essa linguagem me agrada. Como ficarei feliz, meu doce amor, quando puder informá-lo que tu já és minha! Até lá terei de contentar-me em ser o solteiro solitário e um completo estranho a esses milhares de sentimentos e sensações. Continua a expressar tua boa vontade para comigo e, mesmo agora, não ficarei totalmente privado de felicidade. E a cada carta que me retornares, o sol brilhará de forma mais resplandecente, até à chegada daquele dia feliz.

Se tu conhecesses os sentimentos de meu coração, verias que não estou exagerando e não serias tão resistente para acreditar que tuas cartas fazem bem para dor de cabeça. Não estou dizendo que elas fazem bem para as dores de cabeça em geral, mas elas são muito mais eficazes para curar a minha dor de cabeça do que todos os remédios das farmácias. A experiência de felicidade que elas me proporcionam não deixam dúvidas quando a isso.

Eu te amo, de fato, minha doce amada, e enquanto sentir essa dolorosa paixão agradável, não poderei ficar tranqüilo e feliz a menos que ouça sobre tua felicidade e bem-estar. Quando chega a hora de ouvir sobre ti, se o correio me desaponta, milhares de pensamentos desoladores começam a me assombrar de modo incessante, e não consigo livrar-me deles, nem por todos os meios. Por mais que eu tente disfarçar meus sentimentos, meus amigos percebem a mudança instantaneamente e nem têm dificuldade para entender a causa disso. Todos eles sorriem e ficam felizes quando chega a carta do advogado (é assim que se referem às tuas cartas). É realmente assim que me sinto em relação a ti no momento, mas espero não continuar assim por muito tempo.

Com todo o meu doce amor!
Daquele que não tem palavras para se expressar,
— Thomas Charles

NOTAS

1 Para saber sobre a vida de Thomas Charles, veja principalmente sua biografia completa, de três volumes, escrita por D. E. Jenkins, *The Life of the Rev. Thomas Charles, B.A., of Bala* (Denbigh: Llewelyn Jenkins, 1908).
2 Sou profundamente grato ao Dr. E. Wyn James, principal palestrante e co-diretor do Cardiff Centre for Welsh American Studies [Centro de Estudos Galês Americano de Cardiff], da School of Welsh, na Cardiff University, pelas cartas que se seguem. Dr. James está preparando uma edição das cartas que Thomas e Sally Charles enviaram um ao outro. Ele selecionou e editou as cartas incluídas neste livro, e eu sou o responsável pelos comentários das mesmas.
3 Extraído de Jenkins, *The Life of the Rev. Thomas Charles*, I:146–148.
4 Simon Lloyd era um colega da Universidade de Oxford que havia convidado Charles para visitá-lo em Bala, durante o verão de 1778.
5 Extraído do *Journal of the Historical Society of the Presbyterian Church of Wales*, 31:2 (June 1946), 39.
6 Thomas Foulk(e)s (1731-1802) era o padrasto de Sally. Ele converteu-se com John Wesley (1703-1791).
7 Cf. João 1.47.
8 Extraído de *Journal of the Historical Society of the Presbyterian Church of Wales*, 31:2 (June 1946), 39.

9 Charles está citando um texto de uma carta que Sally escreveu para ele em 14 de fevereiro de 1780.
10 Cf. Provérbios 25.25.
11 Outra citação da carta que Sally escreveu para ele em 14 de fevereiro de 1780.
12 O padrasto de Sally, Thomas Foulk(e)s.
13 Outra citação da carta que Sally escreveu para ele em 14 de fevereiro de 1780.
14 Cf. Romanos 8.20.
15 Mais citações da carta que Sally escreveu para ele em 14 de fevereiro de 1780.
16 Outra citação da carta que Sally escreveu para ele em 14 de fevereiro de 1780.
17 Cf. João 14.2; 17.12; 10.28.
18 Cf. Lucas 11.9.
19 Charles mudou-se para Milborne Port em 27 de março de 1780.
20 Extraído de Jenkins, *The Life of the Rev. Thomas Charles*, I:171–172.
21 Cf. Efésios 3.19.
22 Cf. Malaquias 4.2.
23 Charles mudou-se para Milborne Port em 27 de março de 1780.
24 Cf. Provérbios 27.17.
25 Cf. Marcos 16.15; Mateus 28.20.
26 Extraído de Jenkins, *The Life of the Rev. Thomas Charles*, I:225–227; Edward Morgan, *Thomas Charles' Spiritual Counsels* (Edinburgh: Banner of Truth Trust, 1993), 235–237.
27 Esta frase era uma descrição comum da homilética para a obra do Senhor Jesus.
28 Cf. Romanos 15.13.
29 Extraído de Jenkins, *The Life of the Rev. Thomas Charles*, I:227–229.
30 John Newton (1725-1807) foi um dos mais importantes autores e ministros evangélicos do século XVIII. Este é um excerto de uma carta enviada a Charles, datada de 21 de novembro de 1780. O manuscrito encontra-se na Biblioteca Porteus, AL 322, na Universidade de Londres. Esse mesmo texto aparece em Edward Morgan, *A Brief History of the Life and Labours of the Rev. T. Charles, A.B., Late of Bala, Merionethshire* (London: Hamilton, Seeley, Hatchard, Jones, Hughes, 1828), 76–77. Sou devedor a Marylynn Rouse, de Stratford-upon-Avon, Inglaterra, por todas as informações contidas neste texto, devido ao fato de ser perita na vida e nos escritos de Newton.

Capítulo Oito

SAMUEL & SARAH PEARCE

Samuel Pearce (1766-1799) nasceu em Plymouth, num lar batista muito firme.[1] Converteu-se no verão de 1782 e foi batizado no ano seguinte. A obra batista em Plymouth logo reconheceu que Deus o havia dotado para a vocação ministerial. Em conseqüência disso, ele teve a oportunidade de usar seus dons nas reuniões de pequenos grupos, em Plymouth. Em 1786, foi estudar na Academia Batista de Bristol, a única instituição na Grã-Bretanha para treinar homens para o ministério batista. Permaneceu lá por três anos e graduou-se em 1789. Naquele mesmo ano, começou seu primeiro e único ministério na Igreja Batista de Cannon Street, em Birmingham, uma cidade que estava crescendo rapidamente devido ao impacto da Revolução Industrial. Pearce teve um ministério extremamente frutífero até a sua morte, em 1799. Também teve um envolvimento crucial na formação da Sociedade Missionária Batista, em 1792, e foi amigo íntimo e um correspondente fiel de William Carey (1761-1834).

Uma pessoa que lhe deu um apoio muito importante durante todo o seu pastorado na Igreja Batista de Cannon Street foi sua amiga mais íntima, sua esposa, Sarah. Pertencente à terceira geração de uma família batista,[2] Sara Hopkins (1771-1804) conheceu Pearce assim que chegou à Birmingham. Pearce logo se apaixonou profundamente por Sarah, e Sarah, por ele. Em 24 de dezembro de 1790, ele escreveu para ela falando sobre o impacto que suas cartas haviam causado nele: "Se eu tivesse aversão a escrever... uma de tuas preciosas epístolas não teria como falhar em vencer essa antipatia, transformando-a em desejo. No momento em que examino uma linha escrita pela minha Sarah, sou estimulado a ter uma predisposição que não me deixa até que eu abra todo o meu coração e responda com um manuscrito àquela criatura amada, que há muito tempo tem me compelido a essa rendição voluntária, e cujas reivindicações jamais foram questionadas desde então".[3] Eles se casaram em 2 de fevereiro de 1791.

Pearce expressou aquilo que achava que deveria estar no cerne de seu casamento, em uma carta, a qual ele escreveu para a sua futura esposa, dois meses antes de seu casamento: "Que a minha querida Sarah e eu possamos nos tornar instrumentos para conduzir um ao outro no caminho do reino celestial, até que finalmente nos encontremos lá, onde não mais saberemos nem mesmo o que significa uma separação temporária".[4] Para Pearce, os maridos e as esposas devem ser instrumentos de graça na vida um do outro, durante o tempo de sua peregrinação terrena. Em outras palavras, eles devem ser "aliados íntimos".[5] Na verdade, após a morte de Pearce por tuberculose, uma das amigas da esposa de Pearce comentou que Sarah havia sido muito abençoada por desfrutar de "uma união tão íntima com um homem tão incomum".[6]

Nas cartas que Samuel escreveu para sua esposa, podemos ver como ele continuou a estimular o amor que ela sentia por ele, mesmo após seu casamento. A busca pela pessoa amada não termina na cerimônia de casamento. Nessas cartas, também fica evidente o modo como Samuel encorajava sua esposa em suas lutas, o que é um modelo para os crentes de hoje.

De Samuel Pearce para Sarah Pearce [7]

Northampton, 13 de dezembro de 1794

Minha amada Sarah,

Acabo de chegar seguro, nas asas da misericórdia celestial, ao lugar onde passo o meu domingo. Estou bem, e meus amigos aqui parecem saudáveis e felizes, mas inquieto-me por tua causa. Anseio saber como anda a pulsação de nossa querida Louisa. Receio que ela ainda esteja com febre.[8] No entanto, nós mesmos não devemos sofrer contaminados com uma febre mental por conta disso. Ela está doente? Sim, isso é verdade. Está muito doente... morrendo? Sim, isso é verdade até este momento. Ela está indo juntar-se ao coro celestial? Isso tudo é verdade, apesar de nossa lamentação... Lamentação? Não, não lamentaremos. É melhor que ela se vá; e devemos consentir com sua ida. Será melhor para nós. Não é isso que estamos esperando? Ah, que pobres vermes, de visão curta e ingratos, nós somos! Que possamos nos sujeitar, minha Sarah, até que cheguemos ao céu, e se quando lá estivermos, não pudermos perceber que isso foi o melhor, então nos queixaremos.

Mas por que tentarei consolar-te? Quem sabe uma providência benigna já tenha dissipado os teus temores ou se essa mesma boa providência já tiver levado a nossa filhinha, tu terás consolo suficiente nAquele que sofreu mais do que nós, e sofreu muito mais do que o suficiente, a fim de aquietar nossa aflição, por meio daquela reflexão extraordinária de que "Deus amou o mundo de tal maneira que não poupou o seu próprio Filho".⁹ Foi com alegria que Deus deu Jesus, o seu Filho santo, por nós, e nós Lhe negaríamos a nossa filha? Ele deu o seu próprio Filho para sofrer, e Ele levou a nossa filha para se deleitar. Sim, para deleitar-se nEle mesmo.

Com a mais terna consideração, de teu,
— S. P.

De Samuel Pearce para Sarah Pearce ¹⁰

[Londres, 7 de setembro de 1795]

... A cada dia que passa, não somente aumenta minha ternura por ti, como também meu apreço. Como o meu chamado me leva a conviver com muitas pessoas, em todas as classes sociais, diariamente tenho oportunidades para observar o temperamento humano e, depois de tudo quanto tenho visto e pensado, tanto o meu julgamento quanto minhas afeições ainda comprovam que, para mim, tu és a melhor dentre as mulheres. Já estamos unidos há muito tempo pelos laços conjugais para permitirmos que haja desconfiança de adulação em nossa correspondência ou em nossa conversa... Estou contando os dias em que espero poder me alegrar novamente em tua amada companhia.

De Samuel Pearce para Sarah Pearce [11]

Dublin, 24 de junho de 1796

...De minha parte, comparo esta carta a um tipo de galanteio, o qual me é mais agradável do que um galanteio costuma ser, devido à certeza de sucesso e por saber que minha amada noiva é muito melhor do que eu esperava. Hoje, o meu desejo de conquistar o teu coração não é menor do que quando pedi a tua mão. E a certeza de possuir-te não tem diminuído o prazer da expectativa de chamar-te minha, quando nos encontrarmos novamente do outro lado do Canal de São Jorge.[12] ... Oh, nossa preciosa lareira! Poderemos sentar bem juntinhos e estar a sós novamente. Espero que não demore muito até que eu possa desfrutar essa felicidade de novo.

De Sarah Pearce para a Sra. Franklin [13]

Alcester, 11 de julho de 1800

Após alguns dias de doença, aprouve ao grande Juiz da vida e da morte privar-me de meu amado filhinho de um ano e meio, e assim, convencer-me uma vez mais sobre a inconstância de todas as alegrias terrenas e trazer-me à lembrança minhas tristezas passadas. Aos meus olhos afetuosos, ele era uma das mais belas flores que a natureza já exibiu. Contudo, ah, morreu antes do tempo! Até este momento, a esperança de que ele esteja se mudando para um lugar muito melhor, onde florescerá novamente em eterno vigor, e o pensamento de que se ele tivesse vivido, inevitavelmente teria sido exposto à inúmeras tentações, das quais eu não poderia protegê-lo, mesmo que tivesse me defendido contra elas, têm me acalmado. Embora ainda tenha os sentimentos de uma mãe e, como crente, tenha esperança, tenho conseguido me resignar em relação a ele.

Oh, quem dera eu não tivesse outro sentimento, senão o de resignação pela perda de meu amado Pearce! Mas não consigo! Isso foi um ferimento profundo, ainda está sangrando. E voltar para Birmingham[14] é o mesmo que voltar para os mais dolorosos sentimentos. De qualquer modo, gostaria de renunciar a ele e confiá-lo às mãos dAquele que o deu e tem o direito inquestionável de tirá-lo. Gostaria de poder acalmar todas essas aflições tumultuosas e reconhecer que foi Deus quem nos impôs essas repetidas doenças. O mesmo Deus a quem desejo reverenciar em cada desígnio doloroso de minha vida, estando convencida de que aquilo que não compreendo agora, compreendê-lo-ei no porvir.

NOTAS

1 Para saber sobre Pearce, veja S. Pearce Carey, *Samuel Pearce, M.A., The Baptist Brainerd* (3rd ed.; London: The Carey Press, n.d.) e Michael A. G. Haykin, "Calvinistic Piety illustrated: A study of the piety of Samuel Pearce on the bicentennial of the death of his wife Sarah," *Eusebeia*, 2 (Spring 2004), 5–27. Uma seleção das cartas de Pearce está para ser lançada: Michael A. G. Haykin, *"Joy unspeakable and full of glory": The Piety of Samuel & Sarah Pearce* (Grand Rapids: Reformation Heritage Books, 2008).

2 Seu pai era Joshua Hopkins (m. 1798), dono de uma mercearia e diácono da Igreja Batista de Alcester, em Warwickshire, por quase trinta anos. Seu avô materno era John Ash (1724-1779), pastor da causa batista em Pershore, em Worcestershire, e um notável ministro batista do século XVIII.

3 Carta a Sarah Hopkins, datada de 24 de dezembro de 1790 (Pearce-Carey Correspondence 1790–1828, Angus Library, Regent's Park College, University of Oxford).

4 Carta a Sarah Hopkins, datada de 26 de novembro de 1790 (Samuel Pearce Carey Collection — Pearce Family Letters, Angus Library, Regent's Park College, University of Oxford).

5 Devo esta frase a um pequeno livro de Dan Allender e Tremper Longman III sobre casamento, intitulado *Intimate Allies* (Carol Stream, Ill.: Tyndale House, 1995).

6 R. Franklin, carta a Sarah Pearce, datada de 23 de novembro de 1800 (Samuel Pearce Mss. [Angus Library, Regent's Park College, University of Oxford]).

7 Extraído de *Andrew Fuller, Memoirs of the Rev. Samuel Pearce, A.M.* (3rd ed.; Dunstable: J. W. Morris, 1808), 80–81.

8 Louisa Pearce, filha do casal Pearce, estava doente. Ela morreu posteriormente, em 1810.

9 João 3.16; Romanos 8.32.

10 Samuel Pearce Mss. Usado com permissão. Após a formação da Sociedade Missionária Batista, Pearce desempenhou um papel importante na arrecadação de fundos para a missão, o que implicou em longos períodos longe de casa.

11 Ibid. Usado com permissão. Samuel estava em uma missão para pregar na Irlanda.

12 Ou seja, o mar da Irlanda.

13 Extraído de [Andrew Fuller,] "Memoir of Mrs. Pearce," *The Theological and Biblical Magazine*, 5 (1805), 3. Esta carta foi escrita quando Samuel, o filho mais novo de Pearce, faleceu. A Sra. Franklin morava em Coventry (veja ibid., 2, n*). Ela provavelmente foi a esposa de Francis Franklin (c. 1773-1852), ex-aluno de Bristol e pastor da Cow Lane Baptist Chapel, em Coventry, no período de 1798 to 1852.

14 Esta carta foi escrita de Alcester, não muito distante de Birmingham, um ano após a morte de Pearce.

Capítulo Nove

ADONIRAM & ANN JUDSON

De todos os lugares onde os batistas de países de língua inglesa procuraram estabelecer igrejas, a Birmânia, agora conhecida como Myanmar, tem se revelado como um dos mais frutíferos. Sem dúvida, as figuras centrais neste esforço para se estabelecer novas igrejas foram o casal Judson: Adoniram (1788-1850) e sua valente esposa Ann (1789-1826).[1] Quando alguém considera seus feitos e incríveis provações naquela distante terra no Oriente, a paciência que mostraram nos seis anos que se passaram, antes que testemunhassem a primeira conversão, de Moung Nau, a cuidadosa tradução das Escrituras para o birmanês — uma tradução que ainda hoje é a versão padrão — não é surpresa que vida deles tenha sido uma inspiração para tantos crentes nos últimos 150 anos.[2]

Adoniram Judson nasceu no dia nove de agosto de 1788, em Malden, Massachusetts, nos Estados Unidos. Embora tenha sido criado num lar cristão, os seus últimos dez anos em casa foram gastos rejeitando a fé de seus pais. Ele estudou na Brown University, no estado de Rhode Island, onde ficou fascinado pelo deísmo e passou a concentrar-se na busca da fama. A morte de Jacob Eames, o jovem que o havia iniciado no deísmo, deixou Judson profundamente chocado e levou-o a um compromisso intelectual com o cristianismo. Em outubro de 1808, ele entrou para o Andover Theological Seminary, em Massachusetts e, no mês seguinte, "começou a alimentar a esperança de ter recebido a influência regeneradora do Espírito Santo".[3] Juntamente com outros poucos estudantes de teologia de Andover, logo ficou fascinado com a necessidade de levar o evangelho às outras nações e foi designado missionário pela recém-formada Sociedade Missionária Congregacional, em 1811. No ano seguinte, velejaria para a Índia e de lá começaria sua jornada para a Birmânia. No final de sua vida, havia aproximadamente oito mil birmaneses crentes, reunidos em sessenta e três igrejas.[4]

Sua esposa, Ann, cujo nome de solteira era Hasseltine, viajou com ele. Ele a havia conhecido em junho de 1810 e exatamente dois anos depois, eles se casaram e desembarcaram em Calcutá.

As duas cartas que se seguem foram escritas antes de seu casamento. A primeira é a extraordinária carta de Judson ao pai de Ann, pedindo sua permissão para casar-se com ela.[5] O sentimento compartilhado por Adoniram e Ann sobre ter uma missão em comum, o qual caracteriza essas cartas, deveria marcar todo casamento cristão, pois todos os cristãos são servos de Deus, onde quer que Ele os tenha colocado. Os cônjuges devem preservar essa missão, um diante do outro, e encorajar um ao outro a permanecer nela. É muito comum ver cônjuges que vivem boa parte de seu tempo em mundos separados.

De Adoniram Judson para John Hasseltine[6]
[Verão de 1810]

...Agora preciso perguntar: o senhor consente em separar-se de sua filha na próxima primavera, para não mais vê-la neste mundo? O senhor pode consentir em vê-la partindo para uma terra pagã; sujeitando-se à miséria e aos

sofrimentos da vida missionária? O senhor consente em que ela seja exposta aos perigos do oceano; à influência fatal do clima do sul da Índia; à todo tipo de necessidade e angústia; à indignidade, aos insultos, à perseguição e talvez à uma morte violenta? O senhor pode consentir com todas essas coisas por amor às almas imortais que estão perecendo; por amor à Sião e à glória de Deus? O senhor pode consentir com tudo isso na esperança de encontrá-la, em breve, no mundo de glória, com a coroa da justiça ainda mais resplandecente devido à proclamação de louvores ao Salvador, os quais resultarão dos pagãos que forem salvos por meio da aflição e da desesperança incessantes de sua filha?

De Adoniram Judson to Ann Hasseltine [7]

1 de janeiro de 1811. Manhã de terça-feira

É com a maior sinceridade, e de todo o meu coração, que te desejo, meu amor, um feliz ano novo. Que este seja um ano no qual o teu andar esteja bem próximo de Deus; que tua disposição de espírito seja tranqüila e serena; e que uma luz ainda mais pura te indique o caminho que conduz ao Cordeiro. Que seja um ano no qual tu tenhas mais abundância do Espírito de Cristo, que possas elevar-te acima das coisas terrenas e estejas desejosa de despojar-te deste mundo, do modo como agrada a Deus. Assim como cada momento do ano te levará a aproximar-te ainda mais do fim de tua peregrinação, que eles também te levem para mais perto de Deus, e que te encontres mais preparada para saudar o mensageiro da morte como se fosse um libertador e amigo. E agora, visto que já comecei a desejar-te essas coisas, prosseguirei.

Que este seja o ano em que tu mudes de nome; em que finalmente te despeças de teus familiares e de tua terra natal; em que cruzes o vasto oceano e habites do outro lado do mundo, entre as pessoas pagãs. Que grande mudança este ano provavelmente cause em nossas vidas! Como nossas condições e ocupações serão diferentes!! Se nossa vida for preservada e nosso intento prosperar, o nosso próximo ano novo será na Índia e, talvez, desejemos um feliz ano novo um ao outro num estranho dialeto hindu ou birmanês. Não mais veremos os nossos amigos ao nosso redor ou desfrutaremos as conveniências da vida civilizada, ou iremos à casa de Deus com aqueles que guardam o domingo; mas os rostos morenos estarão diante de nossos olhos em toda parte; o falatório de uma língua desconhecida assaltará os nossos ouvidos e testemunharemos a assembléia de pagãos celebrando a adoração de seus ídolos. Ficaremos cansados do mundo e desejaremos ter asas como as duma pomba, para voar para longe e ter descanso. É provável que experimentemos momentos em que nossa alma fique "profundamente triste até a morte".8 Teremos muitas tristezas, horas desoladoras, sentiremos nosso espírito desfalecer e nossa mente angustiada, de um modo que nem mesmo podemos imaginar. Oh, desejaremos deitar e morrer. E a hora de nossa morte poderá chegar em breve. Talvez um de nós não consiga suportar o calor do clima e a mudança de hábitos, e o outro tenha de dizer, de modo literal e verdadeiro, diante do sepulcro:

*Às mãos estrangeiras, os teus olhos moribundos, fecharam;
Às mãos estrangeiras, os teus membros vestidos, ajeitaram;
Às mãos estrangeiras, o teu sepulcro humilde adornaram.*[9]

Mas se seremos honrados e pranteados pelos estrangeiros, só Deus sabe. Pelo menos, cada um de nós estará certo de que haverá ao menos uma pessoa enlutada. E tendo tal panorama em vista, não oraremos com fervor, em busca de uma "fé vitoriosa" e das demais coisas?[10]

NOTAS

1 Para saber mais sobre Judson, veja principalmente Courtney Anderson, *To the Golden Shore: The Life of Adoniram Judson* (Boston/Toronto: Little, Brown and Co., 1956).
2 Este parágrafo foi extraído da apresentação que Michael A. G. Haykin faz ao livro de Sharon James, *Meu coração nas mãos de Deus* (São José dos Campos: Fiel, 2004, 5).
3 Adoniram Judson citado em "Autobiographical Record of Dates and Events," em Edward Judson, *Adoniram Judson, D.D.* (London: Hodder and Stoughton, 1883), 562.
4 K. P. Mobley, "Judson, Adoniram, Jr.," in *Biographical Dictionary of Evangelicals*, ed.

Timothy Larsen (Leicester, England: Inter-Varsity Press/Downers Grove, Ill.: InterVarsity Press, 2003), 339.
5 Após a morte de Ann em 1826, Judson casou-se mais duas vezes e teve uma vida mais longa do que a de suas duas esposas.
6 Extraído de Judson, *Adoniram Judson, D.D.*, 20. John Hasseltine era o pai de Ann.
7 Ibid., 20-21.
8 Veja Marcos 14.34.
9 Estas frases foram extraídas de Alexander Pope, *Elegy to the Memory of an Unfortunate Lady*, linhas 51–53.
10 Esta é a primeira frase de um hino composto por Isaac Watts (1674-1748).

Capítulo Dez

JOHN E LOTTIE BROADUS

John Albert Broadus (1827-1895), nascido na Virgínia, nos Estados Unidos, converteu-se em 1843, mas esteve inseguro sobre o seu chamado durante cerca de três anos. Esse tempo de indecisão chegou ao fim quando ele entrou para Universidade da Virgínia, em 1846, e comprometeu-se a se preparar para o ministério pastoral. Destacou-se como aluno na universidade e no ano seguinte após sua formatura, que se deu em 1850, foi chamado para pastorear a Igreja Batista de Charlottesville. O ano de sua formatura também foi muito importante, pois se casou com Maria Carter Harrison (1831-

1857), filha de Gessner Harrison, seu professor de grego na universidade.

Broadus trabalhou na igreja de Charlottesville até 1859, quando aceitou o convite de seu amigo íntimo, James Petigru Boyce (1827-1888), para unir-se a ele na fundação da faculdade do Southern Baptist Theological Seminary. Boyce trabalhou como o primeiro presidente da faculdade e professor de teologia, enquanto que Broadus ensinava as matérias de Novo Testamento e Homilética. Localizado a princípio em Greenville, South Carolina, o seminário teve de fechar as portas durante a guerra civil americana (1861-1865), tempo em que Broadus trabalhou como capelão do Exército do Norte da Virgínia, comandado por Robert E. Lee (1807-1870). O seminário reabriu após a guerra, entretanto, como David Dockery observou, Boyce não teria sido bem sucedido na reconstrução da escola sem a importante ajuda de Broadus e de outro membro fundador da faculdade, Basil Mainly Jr. (1825-1892).[1] Foi Broadus quem proclamou as famosas palavras que acabaram por caracterizar o espírito determinado dos fundadores do Seminário do Sul: "O seminário poderá morrer, mas que morramos primeiro".[2] Após a morte de Boyce, em 1889, Broadus tornou-se o segundo presidente do seminário.

Depois que sua esposa faleceu, Broadus casou-se com Charlotte Eleanor Sinclair, a quem chamava de Lottie. Uma leitura detalhada de grande parte das cartas trocadas entre Broadus e ela, durante o tempo em que estiveram casados, revela dois crentes que se deleitavam muito um no outro, que sentiam falta um do outro quando o dever exigia a ausência de Broadus — mesmo durante a guerra ou enquanto divulgava o seminário, após a guerra — e sabiam da importância de um casamento cristão.

Uma coisa que as outras cartas dessa pequena antologia revelavam e é muito mais evidente nestas cartas, é a confissão desvelada que seus autores faziam sobre a necessidade que cada um deles sentia da pessoa amada. De modo geral, essa franqueza evidente é algo que falta em nossa época de auto--suficiência. A última carta de Broadus também é digna de nota, pois é um exemplo de como os cônjuges crentes devem pedir perdão um ao outro.

De Lottie Broadus para John Broadus[3]
8 de junho de 1861

Oh! Pensa nisto: agora, enquanto te escrevo, tu estás em Charlottesville, visitando muitos amigos preciosos, bem preciosos. Espero que estejas apreciando esse tempo e que estejas melhor de saúde. Não te apresses em voltar para casa somente por minha causa. Estou tão ansiosa para que sejas beneficiado que desejo que permaneças fora o tempo que for necessário para isso.

Como sou grata por te esforçares tanto para me escrever sobre tudo, à medida que viajas... Tudo o que há no mundo não poderia me dar nem a metade da alegria que sinto por isso...

Adeus, meu precioso marido — agora é bem tarde da noite de sábado. Imagino que amanhã tu estarás pregando na tua antiga igreja em Charlottesville. Dá lembranças aos meus amigos.

De sua esposa devotada,
— Lottie

De Lottie Broadus para John Broadus[4]

11 de junho de 1861

Meu querido marido,

Acabei de voltar da reunião de oração, e a esta hora (22:00 h) não há ninguém acordado aqui comigo, e no que eu poderia pensar senão em ti, e no quanto desejo que estivesses aqui comigo. Mas, oh, é um grande conforto saber que tu me amas, mesmo estando tão distante como estás; e que, talvez, *estejas pensando ou orando por tua esposa...*

Com todo o amor que meu coração pode te oferecer,

— Lottie

De John Broadus para Lottie Broadus[5]

Quarta-feira, 2 de setembro de 1863

Minha amada Lottie,

...Lottie, é possível — sim, é bem possível — que eu nunca mais te veja. Mais quatro semanas, quatro semanas e poderei ter parado de respirar. Por essa razão, agora, na calada da noite, no quarto onde, a esta hora, teríamos adormecido juntos, na casa onde tive, pela primeira vez, o teu tímido consentimento para ser minha esposa, eu digo que te amo mais agora do que jamais amei antes, muito mais do que em cada um dos cinco anos que se passaram — eu te amo muito mais do que já amei a qualquer outra ou do que aprendi a amar a qualquer outro ser vivente. Tu também me amarás, não é mesmo? Derramarás toda a riqueza do seu amor de mulher dentro do meu coração, sem dúvidas, sem reservas, e permitirás que ele extravase minha alma com doçura? Abrirás cada canto de teu coração e deixarás que todas as tuas afeições jorrem numa torrente copiosa e abundante de amor? Tu [me] perdoarás se, em algum

momento, eu for exagerado e aparentemente negligente – não te esquecerás de que jamais duvidaste de meu amor, nem por um momento e apenas entregarás todo o teu coração numa afeição confiante e alegre pelo teu amante e marido?

É verdade, sou um homem de desnudas ambições, que alimenta ternas esperanças de fazer algo bom e de ganhar uma boa reputação entre os homens, mas, minha querida, a vida da minha vida está ligada ao teu amor. Diga-me, sem reservas, diga-me, de todo o teu coração, que tu me amas — que sempre me amarás com todo o teu coração — eu sou feliz, e não há nada que a terra possa me dar ou tirar que, de fato, me faça infeliz — pois, mesmo em meio às nossas fraquezas, estamos tentando confiar no amor de nosso Deus e Salvador, não é mesmo? Naquele que até o momento continua sendo cada vez mais grandioso e esplêndido. Então, Lottie, dê-me teu amor — vê o quanto mais ainda podes me amar — eu reivindico merecer o teu amor, e a base para isso é: eu te amo — dê-me teu amor, minha amada, dê-me teu amor, dê-me teu amor, dê-me teu amor, dê-me teu amor.

Não quero parar de escrever. Quero continuar implorando para que tu me ames. Não que eu duvide de ti, minha amada, oh não, minha esposa devotada, abnegada, verdadeira, fiel e amorosa — gentil, meiga, esposa e namorada — sei que me amas com ternura e é exatamente por isso que desejo que me ames ainda mais, minha amada, muito mais. Enquanto estou escrevendo, não me sinto tão distante; mas quando paro, parece que o fio que nos liga está cortado, e um vazio, um espaço intransitável se alarga entre nós. Lottie, tu me amarás?

De teu sempre carinhoso,
— John A. Broadus

De John Broadus para Lottie Broadus[6]

Covington, 15 de junho de 1874

Minha querida esposa,

Obrigado por escrever para mim. Apenas sinto pelo esforço que sei que te custa para escrever uma carta tão longa. Estou angustiado e aflito porque minha falha em pedir a tua opinião, no verão passado, pode ter soado como desprezo e insensibilidade de minha parte. Tu quase sempre tens demonstrado tua opinião, a respeito de minha ida para o exército, minha ida para a Europa,[7] etc. Tu falaste de forma tão irônica sobre o "heroísmo" que deu a impressão de que o trabalho deste ano seria o mais difícil de minha vida. Achei que houvesses concordado comigo.

Não pude ler tua carta sem me angustiar. Mesmo assim, é um consolo para mim ver que tu me amas, apesar de estar descontente comigo. Por favor, ama-me sempre, na alegria ou *na tristeza. Por favor, acredita que, embora eu seja insensato muitas vezes, embora pareça insensível, eu te amo com ternura, de todo o meu coração. Há muitos maridos mais sábios e mais bondosos, mas nenhum homem é capaz de amar sua esposa mais do que eu te amo.*

Tenho me sentido um pouco perdido em relação ao que fazer e procurei tomar as decisões da melhor forma possível. Se Boyce não tivesse divulgado os compromissos marcados, eu poderia voltar para casa imediatamente. Mas teria desmerecido os esforços dele de uma forma terrível, caso falhasse em cumprir esses compromissos. Não posso me esquecer de que Boyce deu-me uma casa, mandou-me para a Europa, e o que estou fazendo agora não é simplesmente um trabalho para o Seminário, mas sim uma ajuda pessoal e um ato de bondade para com ele. Boyce comprometeu-se a levantar uma oferta em Kentucky e deseja, ou melhor, precisa que eu o ajude. Mas ele nunca me obrigou a isso, sempre disse que eu deveria fazer aquilo que achasse que deveria fazer.

Decidi permanecer em Kentucky até o final de julho (a menos que tu estejas com alguma doença diferente ou as crianças precisem... voltarei logo) e depois volto para casa. No mês de agosto, se estivermos vivos até lá, estarei ao teu dispor... Faça com que Sam recite as lições em latim e em grego para Lida e leia história para ocupar o tempo. Quando voltar, tentarei manter as coisas sob controle.

Ontem, preguei duas vezes sem ter nenhum contratempo.

Dormi bem, estou em boa saúde e poderia estar melhor e me divertir, caso não ficasse aflito por tua causa o tempo todo.

Os irmãos estão esperando por mim agora.

De teu marido carinhoso,
John A. Broadus

NOTAS

1 David S. Dockery, "Mighty in the Scriptures: John A. Broadus and His Influence on A.T. Robertson and Southern Baptist Life," in *John A. Broadus: A Living Legacy*, eds. David S. Dockery and Roger D. Duke (Studies in Baptist Life and Thought; Nashville: B&H Publishing Group, 2008), 18. Esta coleção de ensaios escritos por Dockery e Duke é o melhor estudo contemporâneo sobre Broadus. Veja também Craig C. Christina, "Broadus and the Establishment of The Southern Baptist Theological Seminary," in ibid., 122–155.

2 Dockery, "Mighty in the Scriptures," in ibid., 20.

3 Extraído de John Albert Broadus Collection, Box 1, Folder 54 (Archives of the James P. Boyce Centennial Library, The Southern Baptist Theological Seminary, Louisville, Ky.).. Usado com permissão. Sou devedor ao arquivista Jason Fowler e à sua equipe por me ajudar em relação a estas cartas da coleção de Broadus.

4 Ibid. Usado com permissão.

5 Ibid. Usado com permissão.

6 Documentos da família Mitchell (Archives of the James P. Boyce Centennial Library, The Southern Baptist Theological Seminary, Louisville, Ky.).. Usado com permissão.

7 Em 1870, Broadus teve todas as despesas de sua viagem para a Europa pagas pelo seminário. Veja Christina, "Broadus and the Establishment of The Southern Baptist Theological Seminary," in *John A. Broadus*, 139.

Capítulo Onze

MARTYN E BETHAN LLOYD-JONES

David Martyn Lloyd-Jones (1899-1981) nasceu em Cardiff, no País de Gales, embora tenha passado a maior parte de sua juventude em Llangeitho e Londres.[1] Suas primeiras experiências sobre a vida em uma igreja se deram na Igreja Presbiteriana de Gales, herdeira da teologia evangélica e da piedade fervorosa dos metodistas calvinistas, do qual Thomas Charles fora o principal fundador. Infelizmente, nos dias de Lloyd-Jones, o fervor evangélico e a espiritualidade dessa denominação foram, em grande medida, prejudicados pela teologia liberal e pelas tentativas de produzir uma melhora na sociedade por meio da educação e de ações políticas.

Nos primeiros anos de sua adolescência, sua família mudou-se para Londres, onde Lloyd-Jones matriculou-se na escola de medicina do Hospital São Bartolomeu, durante os momentos decisivos da Primeira Guerra Mundial. Após sua formatura, em 1921, trabalhou juntamente com o médico da família real, Thomas Horder (posteriormente Lord Horder - 1871-1955), por um período de três anos. Apesar da possibilidade de ter uma carreira brilhante na medicina, Lloyd-Jones começou a ter sérias dúvidas a respeito de continuar trabalhando como médico. Convenceu-se de que a raiz do problema de muitos dos seus pacientes, e de Horder, era espiritual. No entanto, o estado espiritual deles trouxe à tona sua necessidade pessoal de ter um relacionamento com Deus, por intermédio de Cristo.

Embora Lloyd-Jones nunca tenha fixado uma data para sua conversão, ela deve ter ocorrido em algum momento entre 1923 e 1924. O chamado e a paixão para pregar o evangelho em sua terra natal, Gales, acompanharam sua conversão. Lloyd-Jones nunca teve um treinamento teológico formal, apesar de ser um estudante assíduo das Escrituras, de teologia e da história da igreja. Seu dom para o pastorado foi reconhecido no final de 1926, quando recebeu o chamado para pastorear a Bethlehem Forward Movement Mission [Missão de ajuda missionária Belém], uma frente missionária metodista calvinista em Sandfields, Aberavon. Algumas semanas mais tarde, em 8 de janeiro de 1927, casou-se com Bethan Philips, a quem amava já há pelo menos nove anos, antes de se casarem. Martyn e Bethan tiveram um casamento excepcionalmente feliz. De acordo com o neto deles, Christopher Catherwood, eles "complementaram um ao outro e foram capazes de fortalecer um ao outro" durante toda a sua longa vida de casados.[2]

Ao final de 1930, Lloyd-Jones deixou Aberavon para trabalhar como auxiliar de G. Campbell Morgan (1863-1945), na Capela de Westminster, em Londres. A Segunda Guerra Mundial dispersou a grande maioria dos fiéis que haviam se deleitado com a pregação de Morgan. Assim, quando a guerra terminou, Lloyd-Jones teve de reconstruir a igreja a partir de um grupo de 100 a 200 pessoas. Por volta de 1950, o grupo que freqüentava a igreja já estava próximo de duas mil pessoas. Elas eram atraídas pela clareza da exposição bíblica, pelo poder espiritual e pela profundidade doutrinária da pregação de Lloyd-Jones.

Lloyd-Jones aposentou-se em 1968 e faleceu treze anos mais tarde. Os seus últimos dias foram típicos do homem. Perdeu a capacidade de falar, pois estava morrendo de câncer. Na quinta-feira à noite, do dia 26 de fevereiro de 1981, ele escreveu um bilhete para Bethan e sua família: "Não orem pela minha cura. Não me privem de ir para a glória".³

Lloyd-Jones teve um dos ministérios mais importantes e frutíferos do século XX, mas a carta abaixo revela o papel crucial que sua esposa teve nesse ministério. Bethan foi um apoio indispensável ao seu marido durante toda a sua vida juntos; como todo marido e esposa deveriam ser um para o outro.

De Martyn Lloyd-Jones para Bethan Lloyd-Jones[4]

25 de setembro de 1939

Minha querida Bethan,

Obrigado pela carta desta manhã, embora eu esteja muito zangado com fato de você ter ficado acordada até as 23h30 para escrevê-la! Vejo que você é totalmente incorrigível![5] *A idéia de que vou me acostumar a ficar sem você é realmente engraçada. Eu poderia falar sobre isso durante muito tempo. Como já lhe disse muitas e muitas vezes, o passar dos anos não conseguiu nada senão aprofundar e intensificar o meu amor por você. Posso até rir quando penso naqueles dias em Londres, entre 1925 e 26, quando eu achava que não era possível existir um amor maior do que aquele. Mas, francamente, durante este último ano, tenho chegado a acreditar que não seria possível um homem amar sua esposa mais do que eu a amei. Mesmo assim, percebo que não há limites para o amor e que ainda é verdade que "a ausência faz o coração ficar mais apaixonado". Estou bem certo de que não existe nenhum homem apaixonado, em lugar algum, que esteja escrevendo para sua namorada e seja tão louco por ela como eu sou por você. Tenho até pena daqueles apaixonados que não são casados. Bem, preciso colocar um freio nas palavras ou passarei a noite toda escrevendo, sem dar-lhe uma notícia sequer...*

Seu sempre seu,
— Martyn

NOTAS

1. Para conhecer outros estudos sobre a vida de Lloyd-Jones, veja Iain H. Murray, David Martyn Lloyd-Jones (Edinburgh: Banner of Truth Trust, 1982 and 1990), 2 vols.; Christopher Catherwood, "Martyn Lloyd-Jones," in his Five Evangelical Leaders (London: Hodder and Stoughton, 1984), 51–109; e J. I. Packer, "David Martyn Lloyd--Jones," in Chosen Vessels: Portraits of Ten Outstanding Christian Men, ed. Charles Turner (Ann Arbor, Mich.: Servant Publications, 1985), 108–123.
2. Catherwood, Five Evangelical Leaders, 57.
3. Murray, David Martyn Lloyd-Jones, 2:747-748.
4. Extraído de D. Martyn Lloyd-Jones, Letters 1919–1981, selected by Iain H. Murray (Edinburgh: Banner of Truth Trust, 1994), 47. Usado com permissão.
5. Aparentemente, Bethan não costumava ir para a cama cedo.

Capítulo Doze

HELMUTH E FREYA VON MOLTKE

O Conde Helmuth James von Moltke (1907-1945), filho de um alemão aristocrata com sua esposa sul-africana, graduou-se em direito na universidade.[1] Após sua graduação, trabalhou em várias empresas de direito e finalmente terminou seu treinamento legal na Inglaterra. No verão de 1929, encontrou aquela que seria sua futura esposa, Freya, cujo nome de solteira era Deichmann, filha de um proeminente banqueiro. Dois anos mais tarde, em meio ao período de maior dificuldade financeira para ambas as famílias, eles se casaram.

Em 1939, quando começou a Segunda Guerra Mundial, Moltke foi destacado para trabalhar na agência de contra-inteligência do regime nazista, a Abwehr. No entanto, sendo um cristão devoto e oponente de Adolf Hitler (1889-1945), Moltke usou sua posição para salvar prisioneiros e reféns. Ele percebeu que somente alguém que cresse em Deus poderia se opor totalmente ao governo nazista. Esperava que a Alemanha fosse derrotada e, por essa razão, elaborou planos para uma democracia alemã pós-guerra.

Moltke pessoalmente se opunha ao uso de violência contra o regime nazista, pois acreditava que aqueles que cometiam violência não eram muito melhores do que os nazistas. Apesar disso, acabou associado à tentativa de golpe de estado contra Hitler. Em 19 de janeiro de 1944 Moltke foi preso por avisar uma pessoa que corria perigo de ser presa. Foi julgado no Tribunal Popular por Roland Freisler (1893-1945) e enforcado na prisão de Plötzensee, em Berlim, em 23 de janeiro de 1945.

Esta carta para Freya, dentre as mil e seiscentas que Moltke escreveu para ela entre o período de namoro e casamento, oferece uma descrição poderosa da unidade do casamento cristão e de como, na linguagem de Cantares de Salomão, "as muitas águas não poderiam apagar o amor" (Cantares 8.7).

De Helmuth von Moltke para Freya von Moltke[2]

Tegel, 10 de janeiro de 1945

Minha querida,

Em primeiro lugar, devo dizer, de modo bem resoluto, que os últimos dias da vida de um homem não são em nada diferentes dos outros dias. Sempre imaginei que alguém que estivesse diante da morte não tivesse sentimento algum e que ficasse dizendo para si mesmo: "Esta é a última vez que você verá o sol se pôr; esta é a última vez que você irá para a cama, você ouvirá o relógio soar doze horas somente mais duas vezes". Mas não há nada disso. Talvez eu esteja fora de mim, não sei, mas, nesse momento, não posso negar que nunca me senti tão bem em meu espírito. Somente oro para que nosso Pai Celestial me mantenha assim, visto que morrer é obviamente muito mais fácil para a carne. Como Deus tem sido bom para mim! Eu deveria parecer histérico, mas estou tão cheio de gratidão que não há lugar para mais nada. A orientação de Deus para mim tem sido tão fiel e evidente nestes dois dias. Mesmo que toda a corte tivesse entrado em tumulto, mesmo que Herr Freisler e as paredes ao meu redor tivessem caído diante de meus olhos, isso não teria feito diferença alguma para mim. Sentia-me exatamente como está escrito em Isaías 43.2: "*Quando passares pelas águas, estarei contigo, e, quando pelos rios, eles não te submergirão; quando passares pelo fogo, não te queimarás, nem a chama arderá em ti*"... *isso diz respeito à alma.*

Agora, nada mais resta senão um caminho curto e difícil diante de mim, e oro para que Deus continue sendo tão bom comigo como tem sido até agora... Ontem, querida, lemos esta linda passagem: "Temos, porém, este tesouro em vasos de barro, para que a excelência do poder seja de Deus e não de nós. Em tudo somos atribulados, mas não angustiados; perplexos, mas não desanimados; perseguidos, mas não desamparados; abatidos, mas não destruídos; trazendo sempre por toda parte a mortificação do Senhor Jesus no nosso corpo, para que a vida de Jesus se manifeste também em nossos corpos".[3] Dou graças a Deus, minha querida, por todas as coisas. Agradeço também a você, querida, por suas intercessões, e agradeço a todos aqueles que têm orado por nós e por mim. E agradeço porque apesar de seu marido ser fraco, covarde, "complicado" e muito inferior, foi-lhe concedido passar por essa experiência! Se a minha sentença fosse suspensa temporariamente — coisa que juro que não é nem mais, nem menos provável do que o era na semana passada — devo admitir que estaria disposto a passar por tudo de novo, de tão tremenda que tem sido a demonstração da presença e do poder onipotente de Deus. Ele nos revela essas coisas, e também a eles, de modo inequívoco, exatamente quando lida conosco da forma como não escolheríamos... Minha querida, posso dizer apenas mais uma coisa: Que Deus seja tão bom com você, da mesma forma como tem sido comigo; assim, nem mesmo a morte de seu marido terá importância. Deus pode se mostrar todo-poderoso a qualquer momento, quer seja enquanto você está preparando panquecas para nossos filhos ou quando estiver cuidando de suas necessidades. Tenho o dever de lhe dizer adeus — mas não posso. Tenho o dever de lastimar e lamentar por todo o seu trabalho pesado e enfadonho, mas não posso. Tenho o dever de pensar em todos os fardos que agora cairão sobre os seus ombros, mas não posso. Há somente uma coisa que posso dizer: se você tiver consciência de estar vivendo em sinceridade absoluta quando o Senhor permitir que esse tipo de coisa aconteça — naquela segurança que você jamais teria conhecido, não fosse por meio dessas condições e desse problema — então terei deixado como legado um tesouro que ninguém poderá confiscar, o qual nem mesmo minha esposa poderá pesar na balança...

Escreverei novamente amanhã, mas visto que ninguém pode dizer o que acontecerá, gostaria de tratar de todos os assuntos em minha carta. É lógico que não sei se serei morto amanhã. Pode ser que haja mais um interrogatório, talvez eu seja espancado ou me deixem aguardando. Tente manter contato comigo, pois talvez isso me preserve de ser espancado com violência. Embora eu saiba, após a experiência de hoje, que Deus também pode reduzir essas surras a nada — mesmo que não tenha sequer um osso inteiro no momento em que for enforcado — apesar de não temer nesse momento, mesmo assim eu preferiria evitar que isso acontecesse. Então, adeus, seja forte e corajosa.

11 de Janeiro de 1945

Minha querida, quero conversar com você um pouquinho....

Esses versos aparecem num hino: "Aquele que se apega a Ti em vida está preparado para a morte". É exatamente assim que me sinto. Visto que estou vivo hoje, devo viver apegado a Ele. Ele não pede mais do que isso. Isso é farisaico? Não sei. Mas penso que sei que estou vivendo somente em sua graça e perdão. Não tenho coisa alguma que venha de mim mesmo, não há nada que possa fazer por mim mesmo... O que direi a seguir, conforme se pode verificar, foi o que houve de mais comovente em meu julgamento. Durante os processos, todas as alegações baseadas em fatos se comprovaram ser insustentáveis e foram descartadas. Finalmente, nada restou senão isto (o que, no entanto, infligiu certo terror no Terceiro Reich, de modo que cinco homens precisaram ser condenados a morte por isso — no final, esse número subiu para sete): Foi constatado que certo indivíduo, a saber, eu mesmo, havia discutido algumas questões com dois ministros, ambos protestantes, além do Provincial dos jesuítas e um certo número de bispos, "questões essas que são da preocupação exclusiva do Führer" — e tudo isso sem a menor intenção de tomar alguma medida ativa (ambas as coisas foram constatadas). As discussões não envolveram questão alguma sobre a organização ou edificação do Reich. Todas as insinuações em relação a isso foram rejeitadas e, conforme afirmou o resumo de Schulze,[4] *este caso "difere radicalmente de todos os outros casos semelhantes, pois não havia qualquer menção à violência ou oposição organizada durante as conversas" — e o caso em discussão passou a ser as exigências em relação à prática da ética cristã, e nada mais. E é somente por essa razão que continuamos condenados.*

No decorrer de suas inventivas, Freisler me disse: "O Nacional Socialismo assemelha-se ao cristianismo em apenas um aspecto: nós exigimos a totalidade do homem". Não sei se os outros que estavam sentados ali puderam compreender o que foi dito, pois esse foi o tipo de diálogo travado entre Freisler e eu – um diálogo subentendido, visto que não tive a chance de dizer muita coisa – um diálogo por meio do qual passamos a conhecer um ao outro totalmente. Freisler era o único do grupo que me entendia completamente, e o único que percebia porque deveria me matar... No meu caso, tudo era determinado da forma mais severa. "De quem você recebe ordens, do outro mundo ou de Adolf Hitler? Onde você deposita sua lealdade e sua fé"?

A frase decisiva no processo foi: "Herr Conde, o cristianismo e nós, nacionais socialistas, temos apenas uma coisa em comum; uma única coisa: nós reivindicamos a totalidade do homem". Eu gostaria de saber se ele realmente compreendia o que havia dito ali. Apenas pense na forma maravilhosa como Deus modelou este seu vaso indigno... Eu era e ainda sou inocente de qualquer associação com o uso de violência... Dessa maneira, Deus me humilhou como eu nunca havia sido humilhado antes, de modo que aprendi a orar pedindo o seu perdão e a me entregar em sua graça. Então, Ele me trouxe até aqui, de modo que eu pudesse ver que você está resistindo, o que significa que posso ficar livre de pensar em você e nos meninos, ou seja, de preocupar-me com vocês. Ele deu-me tempo e oportunidade para organizar tudo o que precisava ser colocado em ordem, de maneira que todas as preocupações terrenas se esvaíram. Ainda me permitiu provar toda a amargura da agonia de partir, do temor da morte e do inferno, de forma que essas coisas também ficaram para trás. Depois disso, dotou-me com fé, esperança e amor, numa medida, de fato, transbordante... Mantive minha posição diante de Freisler não como um protestante, não como um proprietário de terras, não como um nobre, não como um prussiano, nem mesmo como um alemão... Nada disso, mantive minha posição como um cristão e nada mais...

Que poderosa tarefa fui encarregado de realizar! Todos os sofrimentos pelos quais Deus tem me feito passar, as variações e mudanças repentinas de comportamento, a mudança eterna no curso de minha vida, o significado de tudo isso foi revelado de repente, no espaço de uma hora, no dia 10 de janeiro de 1945...

E agora, minha querida, dirijo-me a você. Não a incluí em minha lista, querida, porque você está numa posição totalmente diferente de todas as demais coisas. Você não é um instrumento de Deus para fazer de mim aquilo que sou, em vez disso, você é parte de mim. Você é o meu capítulo treze da Primeira Epístola aos Coríntios. Sem esse capítulo, nenhum ser humano é verdadeiramente humano. Sem você, eu poderia ter aceitado amor... Mas sem você, minha querida, eu não teria "tido" amor. Não pensaria em dizer que a amo, isso seria muito falso. Em vez disso, você é uma parte de mim, a qual me faria falta se eu estivesse sozinho... Somente através da nossa união — você e eu — é que formamos um ser humano completo... E é por isso, minha querida, que sei você nunca me perderá enquanto estiver nesta terra — não, nem por um momento. Essa realidade nos foi concedida para simbolizar, finalmente, a nossa participação comum na Santa Comunhão, a qual celebrei pela última vez.

Chorei um pouco, não porque estivesse triste, não porque estivesse desanimado, não porque quisesse voltar atrás — não, chorei por gratidão, porque estava completamente dominado por essa prova da presença de Deus. Na verdade, não podemos vê-Lo face a face, mas não podemos ser derrotados quando, de súbito, percebemos que, durante toda a nossa vida, Ele esteve adiante de nós como uma nuvem de dia e como um fogo à noite e Ele nos permite perceber isso, de repente, em um momento apenas...

Visto que Deus me concedeu sua bondade inacreditável, poderei levar comigo não somente você e os meninos, mas também todos aqueles a quem amo, bem como um número incontável de outras pessoas que não estão tão próximas de mim. Você pode lhes dizer isso.

Minha querida, minha vida aproxima-se do fim e, de fato, posso dizer a respeito de mim mesmo: "Ele morreu na plenitude dos anos e da experiência de vida". Isso não significa que não ficaria feliz em viver, que não ficaria feliz em andar ao seu lado por mais um tempo nesta terra. Mas sim que preciso de uma nova concessão de Deus, uma vez que a incumbência para a qual Ele me criou já está cumprida. Se Ele tiver algum novo encargo para mim, isso ficará claro para nós dois. Portanto, prossiga com firmeza em seus esforços para me salvar, caso eu sobreviva hoje. Talvez, no final, Ele me conceda um novo encargo.

Vou terminar, visto que não há mais nada a dizer. Não citei os nomes das pessoas a quem eu gostaria que você saudasse por mim, pois você bem conhece as pessoas por quem tenho afeto. Todos os textos que nós dois amamos estão guardados como relíquias em meu coração, sei que também estão no seu. Mas gostaria de terminar dizendo, do fundo de meu coração e da plenitude do tesouro com o qual Deus tem enchido esse humilde vaso terreno:

"A graça do Senhor Jesus Cristo, e o amor de Deus, e a comunhão do Espírito Santo sejam com vós todos. Amém".[5]

NOTAS

1. Para saber sobre sua vida veja Michael Balfour and Julian Frisby, *Helmuth von Moltke: A Leader Against Hitler* (London: Macmillan, 1972).
2. Extraído de *A German of the Resistance: The Last Letters of Count Helmuth James von Moltke* (2nd ed.; London: Oxford University Press, 1948), 41–52, *passim*. Usado com permissão.
3. 2 Coríntios 4.7-10.
4. Um oficial alemão que leu, em voz alta, a acusação contra Moltke em seu julgamento.
5. 2 Coríntios 13.14.

Leituras Adicionais

*Q*uando se trata da sabedoria cristã acerca do amor e do casamento, os puritanos não podem ser superados. Em relação a isso, veja J. I. Packer, "O matrimônio e a família no pensamento puritano" em seu *Entre os gigantes de Deus: Uma visão puritana da vida cristã* (São José dos Campos, SP: Fiel, 1996). Para uma esplêndida apresentação puritana, veja as páginas relevantes em Richard Baxter, *The Christian Directory* (Grand Rapids: Reformation Heritage Books, 2008).

Para uma análise excelente a respeito de três casamentos do século XVI — de John e Molly Wesley, George e Elizabeth Whitefield e Jonathan e Sarah Edwards — bem como algumas aplicações práticas, veja Doreen Moore, *Good Christians, Good Husbands? Leaving a Legacy in Marriage & Ministry* (Fearn, Ross-shire: Christian Focus, 2004)..

Para mais estudos sobre o material bíblico sobre casamento, veja Geoffrey W. Bromiley, *God and Marriage* (Grand Rapids: Eerdmans, 1980); Daniel L. Akin, *God on Sex: The Creator's Ideas about Love, Intimacy and Marriage* (Nashville: Broadman & Holman, 2003); e John Piper, *This Momentary Marriage: A Parable of Permanence* (Wheaton, Ill.: Crossway, 2009). O livro de Dan B. Allender and Tremper Longman III, *Intimate Allies* (Wheaton, Ill.: Tyndale, 1995), também oferece um estudo prático e tremendamente útil.

Informações sobre o autor

O Dr. Michael A. G. Haykin é professor de história da igreja e espiritualidade bíblica no *Southern Theological Baptist Seminary*, em Louisville, Kentucky, onde também trabalha como diretor do Centro de Estudos Batistas Andrew Fuller.

Dr. Haykin obteve seu bacharelado em filosofia na Universidade de Toronto e seu M.Rel. bem como seu Th.D. no *Wycliffe College*, na Universidade de Toronto.

Ele é autor de inúmeros livros, incluindo *One heart and one soul: John Sutcliff of Olney, his friends, and his times* (Evangelical Press, 1994); *'At the Pure Fountain of Thy Word': Andrew Fuller as an Apologist* (Paternoster Press, 2004); *Jonathan Edwards: The Holy Spirit in Revival* (Evangelical Press, 2005); e mais recentemente, *The God who draws near: An introduction to biblical spirituality* (Evangelical Press, 2007).

Dr. Haykin, sua esposa, Alison, e seus dois filhos, Vitória e Nigel, vivem em Dunas, Ontário. Eles freqüentam a *Trinity Baptist Church*, em Burlington, Ontário, onde ele e sua esposa são membros, e onde ele também serve como presbítero.

FIEL MINISTÉRIO

O Ministério Fiel tem como propósito servir a Deus através do serviço ao povo de Deus, a Igreja.

Em nosso site, na internet, disponibilizamos centenas de recursos gratuitos, como vídeos de pregações e conferências, artigos, e-books, livros em áudio, blog e muito mais.

Oferecemos ao nosso leitor materiais que, cremos, serão de grande proveito para sua edificação, instrução e crescimento espiritual.

Assine também nosso informativo e faça parte da comunidade Fiel. Através do informativo, você terá acesso a vários materiais gratuitos e promoções especiais exclusivos para quem faz parte de nossa comunidade.

Visite nosso website

www.ministeriofiel.com.br

e faça parte da comunidade Fiel

본문

Esta obra foi composta em Iowan Old Style BT Roman 11.0, e impressa
na Promove Artes Gráficas sobre o papel Pólen Soft 70g/m²,
para Editora Fiel, em Fevereiro de 2021